SIEMPRE FIEL

FORT MYERS 2005

Diseño digital de portada y contraportada: Carlos E. Morel 3°
Pintura de la portada en acrílico: Gabriel Súbiat
Trascripción y typesetting: Domingo M. Perera González
Revisión y corrección: Marianne Varas y María del Pilar Casas
Revisión y corrección final: Vivían Villavicencio Mesa
Prólogo: Jorge Portuondo Jorge 33°
Fotografía: Dr. Nicasio de Jesús Álvarez Alonso 18°
Domingo M. Perera González

Aviso a Bibliotecarios: La catalogación bibliográfica de este libro se encuentra en la base de
datos de la Biblioteca y Archivos del Canadá. Estos datos se pueden obtener a través de la
siguiente página web: www.collectionscanada.ca/amicus/index-e.html
ISBN 1-4120-6767-7

*Impreso en papel que contiene un mínimo del 30% de fibras
recicladas. Nuestros talleres gráficos utilizan "energía verde" de fuentes solares, eólicas y de otro
tipo, las cuales no afectan negativamente al medio ambiente*

EDITORIAL
TRAFFORD

Oficinas en Estados Unidos, Canadá, Reino Unido e Irlanda
El proceso de edición a pedido es un servicio único que permite publicar y vender libros
utilizando la tecnología de impresión a pedido (Print-on-Demand) y la comercialización a
través del Internet. Este servicio incluye la promoción, las ventas a minoristas, la fabricación,
la toma de pedidos, la contabilidad de ventas y el abono de regalías al autor.

Venta de libros en América del Norte y al extranjero:
Editorial Trafford, 6E-2333 Government St.
Victoria, BC V8T 4P4 CANADÁ
Teléfono: 250 383 6864 (llamadas sin cargo: 1 888 232 4444)
Fax: 250 383 6804; email: pedidos@trafford.com
Venta de libros en Europa
Trafford Publishing (UK) Limited, 9 Park Street, 2nd Floor
Oxford, UK OXI IHH UNITED KINGDOM
Teléfono: 44 (0)1865 722 113 (tarifa local 0845 230 9601)
facsimile 44 (0)1865 722 868; pedidos.ru@trafford.com
Pedidos por Internet:
Trafford.com/05-1678

10 9 8 7 6 5 4 3

SIEMPRE FIEL

Domingo M. Perera González:. 33°

Primera edición
Año 2005

"Recogéis a un perro que anda muerto de hambre, lo engordas y no os morderá. Es la diferencia más notable entre un perro y un hombre."

Mark Twain

PROLOGO

Una vez más Domingo M. Perera acude a mí como presentador de un nuevo libro. Su tercer libro. Y yo lo leo. Lo analizo y siento antes de escribir, de decir mi opinión.

En su primer libro *Fraternidad Entre Alambradas*, nos contaba de sus vivencias, de su conducta, de su dolor de tanto rozarse con las punzantes limitaciones de la frontera, impuesta como cárcel emergente, como condena a quien busca libertad.

En su segundo libro, *Encierro, Incertidumbre y Sexo*, nos narra cuánto padecimiento, cuántas lecciones y cuánto de colmillo y de carnaval hay en el hombre. Estas son anécdotas, historias y añoranzas de un balsero sencillo y fraternal.

Pero en este libro, titulado sugestivamente *Siempre Fiel* ya llega maduro, es escritor. El narrador nos hace sentir lo que vivió, sufrió y consiguió. Nos habla de su perra, como algo propio, como parte de su existencia, de su familia y sentimos con él, la impotencia, el llanto y la ira al perderla acompañada de otro fiel en el infinito mar del Estrecho de la Florida. A veces la historia es comunión de deberes y ofrecimiento de mañanas, por eso hay que recordar obligadamente para conocer, repasar y hacer el verdadero recuento que como una enseñanza nos lance atados a la raíz, hacia el futuro que ha de salir de nuestro sudor y de nuestros sacrificios. El fruto que convertido en mañana, sea moldeado con nuestras mismas manos, nuestro mismos deseos y ¿por qué no? Nuestros mismos sueños.

Aquí se nos habla del deporte de la cacería en tierra tiranizada, de los trabajos y apuros de unos cazadores por lograr realizar sus anhelos y de cómo una familia acoge una perra y ésta se integra totalmente. Aquí se brinda humanidad a cambio de lealtad.

Y vuelve a denunciarse al hombre malo, esto siempre debe hacerlo el bueno. El cubano ya salvado escribe contra el norteamericano obligado a salvar pero no a perdonar, aunque sea la vida de un animal y nos relata cómo reaccionan los subalternos buenos ante las injusticia, la sensatez y la pasión. Quien aúna la realidad con el ideal y se aviene con el presente y en una protesta convertida en libro, firme y constante, clava su luminosa mirada en el futuro, sabe interpretar la tónica de la época y se ajusta a las supremas realidades que están más allá de la voluntad y el deseo.

"Quien renuncia a su yo para pluralizarlo en el combate fraternal, puede darse el lujo de narrarnos su historia y la historia de la *Siempre Fiel*, con claridad y buen juicio."

La fuerza del bueno sobresale. Los débiles y los malos no perpetúan ninguna especie y el escritor que es ya, sobresale, se perpetúa entre los que lo leemos y gozamos con sus narraciones.

La cosa no está en ser uno, sino en ser uno y los demás. Cuando el pecho se abre de par en par y se escribe, se logra el triunfo. El hombre actual se cansa prontamente de todo, no lee un libro que embargue su intención y requiera esfuerzo considerable y continuado. Este libro pretende, y lo logra, llamar la atención de todos sus lectores y es tanta la curiosidad que ofrece, que leeremos página tras página para terminarlo y volver a leerlo, pues, el autor nos hace participes de sus luchas, de sus aspiraciones, de sus logros y de sus amores.

La historia de la humanidad ha tenido un curso

fluído, mutativo y transferente. El hombre en su tormentoso peregrinaje, por la corteza terrestre y ahora por las enormes distancias del cosmos y las más grandes profundidades de los océanos ha tenido que ir adaptándose a los cambios y sobre todo es el agente de ellos. Transformar, cambiar, readaptar, revalorizar: tal es la constante actividad del ser humano, desde que el engrandecimiento de su masa encefálica lo alejó del lobo. Y la vida es ocuparse, hacer, practicar, crecer. Esta ocupación es propiamente una preocupación. Y sobre la preocupación que es angustia, se alza la acción para ser, seguir siendo, para existir. Domingo Perera lucha por ser, por existir, escribe para desangustiarse y con este libro lo va logrando, los dos anteriores, lo llenaron de más ansiedad, en este podemos afirmar que ya se realiza.

El anhelo de vivir de cierta manera nos lleva a una preocupación, la del valor de nuestras cosas, de lo que hicimos y deseamos hacer.

Todo en el autor resuena en la palabra **VALOR.** El anhelo de escribir, de narrar, de convivir. La idea de Dios y del amor, de la masonería y de la hermandad, de la virtud y de la felicidad, del arte y de la verdad, de la juventud y de la salud. Nada nos parece tan deprimente y desolador como la duda sobre el valor de nuestras cosas y de la existencia. Sólo tiene sentido nuestra vida cuando podemos estimar algo como valioso. Decisivas para nuestra acción y para la orientación de nuestra vida son las estimaciones que tengamos sobre el valor.

Y en este libro, el lector comprobará cómo quien nos narra sobre la **Siempre Fiel** Lucy, intenta ir en búsqueda de la libertad y fracasa, fracasa momentáneamente, una y otra vez, muchas veces hasta lograr su meta; pero con esa realidad en sus manos, pierde a su fiel compañera, a su amiga inseparable, por la intolerancia y la falta de sentimiento de un ser humano carente de los valores, que destacan al balsero inconfundible.

Para destacar la capital importancia del problema del valor, basta indicar que las teorías sobre el hombre y sobre la cultura no pueden prescindir de consideraciones a fondo acerca del valor.

La ética individual o social no puede estructurarse, ni realizarse más que en la función de valores. La misma política, conducción y marcha de los pueblos hacia su bienestar integral, es en esencia una ética social y presupone misión de valores de la escala correspondiente. Las culturas que a lo largo de la historia se han superpuesto, con perspectivas definidas en cada época, son como conjuntos unitarios en que deciden los valores como determinante del hombre.

Hay juicios de existencia y juicios de valor: en los juicios de existencia enunciemos una cosa con sus propiedades y atributos. El mundo permanece extraño a nosotros, porque nos reducimos a captar su existencia, con sus modalidades de ser. En los juicios de valor, en cambio se enuncia algo que no añade ni quita al caudal existencial de una cosa, ni a sus atributos o propiedades inmanentes. Si nos pronunciamos, por ejemplo, sobre el valor de un sistema educativo o de una práctica política, surgen de inmediato los términos bueno o malo, justo o injusto, democrático o tiránico. Lo significado por estos términos no roza propiamente con la realidad de tal sistema educativo o de aquella práctica política.

La controversia candente de las cuestiones sociales y políticas versa sobre valores: la libertad o la esclavitud; el progreso o la reacción; la democracia o el totalitarismo. Y el valor debe dirigir nuestros pasos, el valor que demos a nuestras cosas, a nuestras acciones. El valor que nos demos a nosotros mismos. Y Domingo Perera con este nuevo libro ha logrado darse el valor que lo realiza como hombre y como escritor.

Los cubanos del exilio llevamos siempre un poco, o un mucho, de nostalgia en lo íntimo del ser. Y de angustia. Por eso leemos los trabajos y sudores para hacer una bala o varias balas, para cazar, para comer y comprobaremos el hondo dolor lleno de impotencia, que se anida en el pecho de cada cubano de allá, al construir una balsa, otra, y otra más; al ir a buscar la comida para los hijos y regresar al hogar con las manos vacías y vivimos conscientes de que todo el pueblo anhela libertad, tranquilidad y amor.

De Bella la hija de la **Siempre Fiel** Lucy y de King nos escribe que fue ejemplo de obediencia, respeto, inteligencia y cariño. Al leer este capitulo nos parece como si se nos estuviera hablando de un niño o de una niña y sentimos en lo más profundo del alma hasta cuando fue elegante, hasta su último día de existencia y quedó dormida para siempre.

Los creadores clavan sus alas en la tierra, porque deben construir con fortaleza de cosa eterna. Tener fe en su destino y proyectarse hacia el futuro sin desmayar, observar como las raíces del mal abren grietas y conmueven los cimientos y mantenerse robusto y esperanzado es obra de grandes y grande es Domingo Perera, que tropieza, se cae, se levanta, una y otra vez, y no descansa hasta lograr su meta y cuando llega a ella escribe, escribe para no desesperar. La fraternidad es acercamiento, es relación, es amistad y por sobre todo es amor. Y nuestro escritor es un fiel ejemplar de la hermandad humana, es un maestro del deber que con sus libros analiza, proyecta y se realiza.

Y ya realizado nos invita a leerlo, pero para que veamos a través de la vida de la **Siempre Fiel** y de su familia, al pueblo cubano, a ese pueblo que anhela, vive, respira, sueña y desea todo lo que a nosotros nos sobra y a ellos les falta.

El autor con este libro ha cumplido con su palabra, y somos todos nosotros los que tenemos aún pendiente la tarea principal, hacer que más nunca se construyan balsas, se fusile y sufra por hambre todo un pueblo; lograr que no mueran más Lucys y convertir nuestros sueños en una realidad perenne con libertad, amor, felicidad y pan.

Jorge Portuondo Jorge 33°
Ciudad de Miami, 2005

INDICE

Lucy, cuando redacté tu historia utilizando más
lágrimas que tinta, comprendí que al irte
bruscamente de mi lado, sería el dolor
en el alma, mi fiel compañero hasta
la muerte.

Tu Amigo y Maestro

El RAPTO Y LA LLEGADA

Aquella fresca mañana del mes de mayo de 1984, un hombre desconocido llegó hasta el lugar donde me encontraba junto a mi madre, y con cierta amabilidad me separó de ella. Comencé a forcejear con mis escasas fuerzas, pero sus manos rudas me apretaron sin contemplación y no pude huir. Mi madre estaba muy débil y delgada, por la escasez de alimentos que existía en aquellos tiempos y por las muchas bocas que dependían de ella.

Miró con tristeza al desconocido sin protestar, y con gesto noble se pasó la lengua por su hocico reseco.

Desde los brazos que me sujetaban, vi que movió su cabeza y pestañeó varias veces, sin dar el menor síntoma de agresividad por el rapto de una de sus hijas. Al pasar los años comprendí, que el silencio de mí madre se debía a la poca alimentación que recibíamos mis hemanos y yo. Tengo la ligera impresión, que su dolor fue recompensado con un poco de alegría al no tener que mantener una boca más.

Mis quejidos en los brazos de aquel hombre se escuchaban a gran distancia, y las personas que transitaban por nuestro lado miraban con interés, pero continuaban su camino en silencio, como si nada pasara.

La humilde casa donde había nacido fue construida de viejas tablas, con techo de guano criollo y piso de roca azul o balastro, como le lla-

En el área que indica la flecha estaba la casa de tabla y guano
donde nació Lucy y sus hermanos en el poblado conocido
como: Loma del Tanque. (foto del año 2005)

maban a aquella arenilla en forma de tierra. Todo el paisaje que había conocido hasta entonces iba quedando atrás.

No supe hasta ese momento que mi casa, fabricada en lo alto de una loma, se podía ver desde muy lejos. El desconocido que me llevaba aprisionada en sus fuertes manos, extrajo de su bolsillo una pequeña jaba, y trató varias veces de introducirme en ella sin lograrlo. Algo molesto y frustrado, me sujetó con su mano derecha por la piel que rodea mi cuello y me alzó hacia lo alto. Al ver la distancia que me separaba del suelo, sentí tanto miedo que cerré los ojos por unos instantes, y cuando los abrí mi vista chocó a lo lejos con una franja azul, como el cielo, que se unía a él en el horizonte. Mucho tiempo después supe que aquella franja azul, no era otra cosa que el inmenso mar.

Sin proponérmelo en aquel instante, descubrí lo que en tiempos venideros sería mi eterna morada, donde se produciría el encuentro entre dos hombres de diferentes naciones, y de muy diferentes criterios con relación a la vida y a la muerte.

En ese encuentro se manifestaría la fuerza brutal contra lo débil, o quizás la de los salvadores contra el salvado. Toda esa confusion, motivada por mi sola presencia me haría esperar en silencio "la decisión": una me llevaría hacia tierras de libertad, la otra, hacia una muerte segura.

Me encontraba en esos pensamientos del

Desde lo alto de la loma y sujeto su cuerpo por el brazo de su raptor, observó Lucy por primera vez el inmenso mar.

futuro incierto; cuando de pronto, mi secuestrador logró introducirme en el interior de aquel bolso construido de saco, de esos que se utilizan para echar granos y otras cosas. Por suerte dejó mi nariz fuera, y de vez en cuando apretaba mi hocico sin el menor gesto de cariño, para no escuchar por un rato los quejidos que tanto le molestaban.

Una hora más tarde llegamos a una casa de dos pisos y subimos por una escalera cur-vilínea. De pronto el hombre se paró frente a una puerta y tocó, metiendo mi cabeza bruscamente en el interior del bolso, sin dejar de apretarme el hocico. Al poco rato escuché un ruido parecido al "crick crack" que hacen las puertas al abrirse o cerrarse, y la voz de una mujer desde el umbral que dijo:

— Buenos días, Cuco.

— Buenos días, —respondió a secas mi raptor, algo agitado por el esfuerzo de pedalear en bicicleta y subir por la escalera.

Desde mi encierro en el interior del bolso, que por cierto hacía algún tiempo no le daban una lavadita, pensé:

— Buenos días,... Así que esas tenemos, "buenos días" los tendrán ustedes, porque los míos son bastante malos. —La señora que había abierto la puerta, preguntó interesada:

—Pero muchacho. ¿Qué traes en ese bolso apretado? ¿Por casualidad es un pollo para el almuerzo? ¡Te invitaré! Puedo hacer una sopa que reviva a los muertos, y un fricasé para chu-

La casa de los altos, lugar donde me llevó mi raptor.

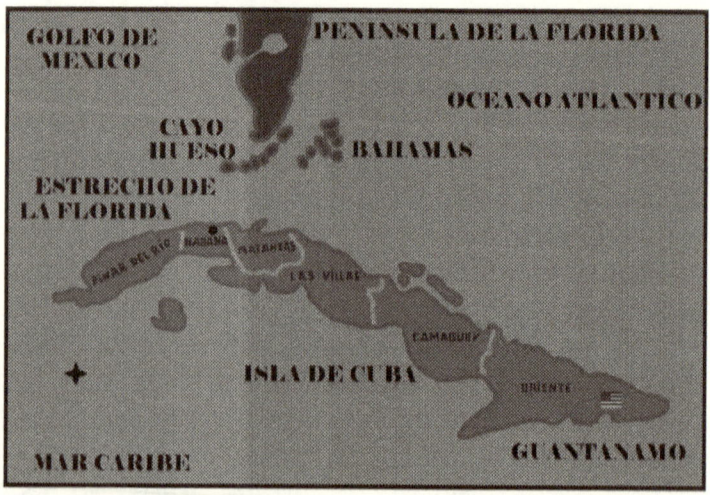

Yo Lucy, nací en el punto negro que aparece muy cerca de la costa norte de la provincia de La Habana, en el Municipio de Santa Cruz del Norte, en la Isla de Cuba.

parse los dedos.

Al escuchar la inesperada invitación, mis temblores aumentaron considerablemente. Aunque yo no tenía ningún parecido al animal del que hablaba la señora, el rapto, los malos tratos y las palabras "pollo, sopa y fricasé" en conjunto, unido a la necesidad que todos tenían de comer carne, pensé que la muerte debía estar rondándome muy cerca.

— ¿Y el señor de la casa... dónde está? —preguntó Cuco, sin responder a la pregunta, ni a la invitación que le hizo la señora.

— Trabajando en los bajos como siempre, en su taller de carpintería.

— No Villy, —le dijo el visitante— esto no es un pollo, por lo tanto, tendrás que comer otra cosa en el almuerzo. Mira lo que traigo aquí..., el viejo Gilacio que vive en el poblado de la Loma del Tanque me hizo este regalo y se lo traigo al Cabezón, así que veremos si con el tiempo tu marido es capaz de enseñarla.

— Déjame ver —le dijo la señora.

Mi raptor, que ya sabemos respondía al sobrenombre de Cuco, extrajo con delicadeza mi tembloroso cuerpo, al parecer por pena frente a la señora, porque en honor a la verdad, sus ánimos ya estaban caldeados por mis constantes quejidos durante el largo viaje.

— Villy, es una perrita de cacería. Toma, cárgala un ratico, no hace nada.

— ¡Dios me libre!, a ver si me muerde, mira colócala en el suelo para verla bien.

Cuco no perdió tiempo y en un segundo estaba yo encima de aquel piso frío, de color verde, muerta de miedo, pero ya segura que aquella señora no haría con mis carnes y huesos una sopa y un fricasé. Olfateé en varias direcciones, tratando de encontrar el olor peculiar de mi madre y mis hermanos, pero fue en vano, todo el aire que respiré no me llevó a ninguna conclusión. Sólo la frase de la señora me dio algo de ánimo, y hasta creo que en ese momento, me sentí importante.

— Oye, mira que la naturaleza es grande, este animalito tan pequeño como está y ya olfatea el aire en busca de algún olor. Cuando Domy la enseñe será una campeona, buscando palomas y codornices.

— Villy, llama por el radio al Cabezón. No le digas para lo que es; así le daremos la sorpresa.

Mientras la señora corría a llamar a su esposo, yo quedaba en el mismo lugar jimiqueando, en la ingrata compañía del Cuco, que por todo lo sucedido hasta el momento no me agradaba para nada. En ese instante pensé.

— Por lo escuchado hasta ahora, el carpintero que vive en esta casa, será en lo adelante mi maestro y mi amo. Ojalá no sea como el dueño de mi madre, que a gritos, peñuscones, y patadas por debajo de donde le cuelga el rabo, quiso enseñarla a cazar; tanto a ella como a toda mi antepasada generación. Nunca respetó a mi padre Kirila, descendiente de una raza conocida

como bretón español, ni a mi pobre madre Paloma, una legítima Pointer.

Ese viejo cascarrabias, le contaba a varios amigos y vecinos, que mi madre había nacido años atrás, ahí mismo en nuestro hogar. Y Kirila de ocho años, había sido traído desde pequeño de la Madre Patria, como dicen los españoles. El Viejo, se vanagloriaba muchísimo al hacer las historias de mi madre y de sus habilidades para cazar, pero de los jarabes de "componte" que le daba con la punta del pie, o del cuje de guayabo que le sonaba por medio del lomo, de eso no hacía la mas mínima referencia.

Minutos después, escuché pasos en el interior de la casa con rumbo al balcón. Seguro que era el carpintero y su esposa, el Cuco, me agarró por el pellejo del lomo y "a la cañona" me introdujo nuevamente dentro del bolso, apretándome el hocico para que no hiciera ruido.

Después de saludar al visitante, el hombre le preguntó al estilo religioso:

— ¿Qué trae' hermano?

— Adivina Cabezón, lo que tengo dentro de este bolso de saco.

— Algo rico de comer.

— ¿Cómo "de comer" compadre? Ustedes los dos siempre están pensando en la comida.

— Bueno chico,... es debido "al golpe de caldero" que padecemos millones de cubanos.

— ¿Cómo que golpe de caldero? y ¿Qué es eso? —preguntó asombrado, sin comprender.

— *Mira Cuco, casi siempre cuando se les funde el motor a los carros, los mecánicos dicen que tiene un "golpe de biela". ¿Comprendes?*

— *Si eso lo comprendo, pero lo otro no.*

— *Es muy fácil de entender, nosotros en este país por la necesidad de comer que padecemos bajo el comunismo, estamos casi fundíos', por lo que yo llamo a eso un golpe de caldero.*

— *Oye cabezón habla bajito, ya entiendo, no hablemos de eso. Pero no... no es de comer, aunque quizás te pueda resolver algo de comida.*

— *Ya sé; no me digas la sorpresa, me traes como obsequio "la lámpara maravillosa de Aladino".*

— *No, ésta no tienes que frotarla para pedirle un deseo. Esta tienes que enseñarla para que aprenda a buscar.*

— *Un perr...*

El carpintero no terminó la frase, el Cuco ya había extraído mi tembloroso cuerpo del interior del bolso, colocándome nuevamente en el piso de mosaico. Allí más asustada aún, hice mi primera necesidad fisiológica.

— *Domy, fíjate lo flaquita que está, —dijo la señora del carpintero con voz triste.*

— *El problema es que el viejo que me la regaló, tiene muchos perros y no tiene nada de comida que darles.*

— *Imagínate Cuco, si está escasa para nosotros... qué quedará para estos pobres animalitos.*

— *¿Te gusta la perrita?*

— Sí, está muy desmejoradita pero cui-
dándola bien muy pronto se recuperará.

— Bueno es tuya.

— Ñoo... que sorpresa. ¿Cuánto vale?

— Tú eres loco. A mí... el viejo me la regaló, y aunque la tenía apartada para él, logré
convencerlo. El parto de la madre fue de ocho
perros, y al verla yo me enamoré de esta. Sólo te
pido que la enseñes, es el mejor pago que me
puedes hacer.

— Te doy mi palabra de hombre libre y de
buenas costumbres, que así será. Pero aunque
es legítima de cacería... ¿a cuál raza pertenece?

— El padre es Bretón y la madre Pointer,
según me dijo el viejo; ese cruce de razas da
hijos inteligentes y fuertes, así que en tiempos
venideros bajarás la panza corriendo detrás de
ella.

— Pues sí, no tengo dudas que esta perrita tiene que tener inteligencia por parte de ambos padres.

— Cabezón ¿entonces, crees que con el
tiempo puedas enseñarla a cazar?

— Mira, los animales inteligentes al igual
que las personas, son capaces de aprender todo
cuanto pueda y quiera enseñarle su entrenador o
maestro. Pero dime ¿qué tiempo de nacida tiene
la perrita?

— Solamente 36 días. ¿Y qué nombre le
vas a poner?

— Bueno Cucón...gracias por el obsequio. Le pondré de nombre Lucy, primero, por

cumplimiento de mi palabra a un amigo cazador de apodo "chavito." El tenía una perrita con ese nombre; por cierto muy obediente y buena cazadora, y a la vez por la linda cantante.

— Villy, no te da celos que el Cabezón hable así.

— No, no me da celos, porque esa señora vive en otro país, está muy lejos y él no la verá nunca.

Como yo continuaba solitaria en el piso de mosaico, decidí que ya era hora de volver a lamentarme. El carpintero me tomó en sus brazos, acariciándome las orejas, demasiado grandes aún para mi cuerpo. Al sentirme mas segura dejé de llorar, me acurruqué como pude y cerré los ojos en señal de agradecimiento, porque sus manos eran diferentes a las de mi raptor.

El Cuco se despidió del matrimonio y bajó las escaleras, mientras Domy y Villy entraron conmigo a la casa. Y así fue como yo sin ser linda, ni tener tantas vidas como un gato, comencé mi segunda vida con el nombre de "Lucy".

— Domy, tienes que hacerle una casita como de muñecas, porque está muy chirriquitica' —le dijo la esposa.

— Sí, pero la colocaré en la terraza. Me imagino que al estar separada de la mama, llorará mucho los primeros días.

— Pobrecita, como extrañará a la madre y a los

hermanos. Domy, estaba pensando ¿qué métodos utilizarás para enseñarla?; No tienes a mano un libro para el aprendizaje, y nunca has tenido perros de cacería.

— Es muy cierto, pero tengo fe en que aprenderá las lecciones, y paciencia para enseñarla.

— Y tus amigos cazadores de Jaruco, en otras ocasiones me has dicho que tienen perros de cacería muy buenos.

— Aunque no lo creas tengo algunas nociones de cómo entrenar un perro, pero también había pensado en los consejos que me pudieran dar, Serafín el Brujito, el Nardo, el Tatín y el Chavito. Algunos han tenido perros legítimos de cacería, y otros los tienen en la actualidad. Quizás, conversando con ellos pueda aprender algo más.

— Y ahora ¿qué vas hacer?

— Urgentemente, paralizar los muebles que estoy construyendo y comenzar la nueva casita de muñeca que me dijiste le hiciera a Lucy.

Recuerdo que aquella misma tarde el carpintero terminó mi nuevo hogar, y tal como había dicho, lo colocó en la terraza de la casa. La señora, en muestra de cariño le puso dentro un pañito, de esos que utilizan para limpiar los pisos. En la parte de afuera de la casita y sobre el cemento, colocó dos pequeños platos de aluminio. En ellos nunca faltó el agua ni los alimentos.

A pesar de todas esas comodidades, que para mí eran como el castillo de una princesa, mi dueño, su esposa y los vecinos más cercanos, tuvieron que soportar durante dos noches mis quejidos y lamentos, por extrañar tanto a mi madre y a mis hermanos. Pero poco a poco, me fui adaptando a mi nueva familia. Las caricias, sin juego alguno por orden directa de mi dueño, fueron el primer regalo.

Varias veces le escuché decir a Domy, como le decía su esposa, que no se debía jugar con los animales que se estaban entrenando para alguna misión en la vida, porque en determinado momento, el juego podía perjudicar su enseñanza.

Solamente, cuatro días llevaba en aquel dulce hogar, cuando mi dueño me llevó a su local de trabajo; situado en la parte de atrás del patio de la casa. Al poco rato, llegó un amigo suyo, quien al verme, le preguntó.

— Pero ¿quién te regaló esa bola de parásitos? Ese animalito está casi muerto.

Este no respondió la pregunta hiriente del visitante, solamente lo miró con ojos de pocos amigos, y con el gesto de su cara y la mirada le insinuó:

— Mira, calla y escucha, y de paso te darás por ofendido, recuérdate de toda tu parentela.

Con aquel frío recibimiento, el tal Palito Barquillero, que así le decían sus familiares y amigos, no demoró mucho en desaparecer por el mismo lugar por donde llegó.

En ese momento, no pude imaginarme que en los años venideros, como pago a su insolente ofensa, cobraría cientos de palomas y patos en muchas cacerías con mi dueño, que servirían para llenar su abultada panza. Y al no poder encontrar las aves, que caían entre los arbustos o los cañaverales, después de su acostumbrado recital de palabras obscenas, bajando dioses y santos del cielo, le diría con cara de lástima a mi Maestro:

— Mándame a Lucy...que no encuentro la pieza que tumbé.

Este personaje nunca se mojó, ni enfangó sus delgadas y mal torneadas patitas, en la orilla de las presas y lagunas, cuando íbamos de cacería. Cada vez que mataba algún pato o gallareta desde la orilla, pedía a mi Maestro que me enviara a cobrarlos dentro del agua. Y allá iba yo obediente, y siempre fiel a las órdenes de mi amo.

Primero, doy gracias a Dios, después a mis padres y a la Madre Naturaleza, que me trajeron al mundo, pues aquel insolente barrigón, tuvo que reconocer ante muchas personas, mi inteligencia, mi obediencia, y mi olfato de cazadora, además de buena madre de veintisiete hijos en tres partos.

Siempre Fiel.　　　　　　　*Domingo M. Perera:.*

LAS PRIMERAS LECCIONES

La primera lección que me enseñó mi dueño, fue sentarme sobre mis patas traseras en el piso de cemento de su carpintería, repleto de polvillo de aserrín de distintas maderas. En ese instante no había nadie presente, ni la señora que trató sin lograrlo de jugar conmigo, ni su hija, que en ocasiones me miraba con celos, temiendo perder parte del cariño de sus padres, por la llegada de una intrusa al seno de la familia. Tampoco estaba el padre, que en días posteriores a mi llegada, se convirtió en mi más cercano defensor. Los demás familiares residían en la planta baja de la casa.

Con voz firme y sin titubear, él me decía cerca del oído:

— Quieta, Lucy.

Varias veces la palma de su mano me golpeó suavemente en los cuartos traseros, mientras repetía la misma frase:

— Quieta, Lucy.

Al tercer día y utilizando siempre la misma enseñanza, el Maestro podía separarse a varios pies de mí, pues había quedado grabado en mi cerebro la frase de, quedarme quieta. El respeto que comencé a sentir por él, su firme voz de mando, y su mano abierta y dura, fueron suficientes para el primer aprendizaje.

La segunda lección no se hizo esperar. Redondeó un pedacito de madera en un torno,* y le colocó alrededor unas plumas de codorniz, que *sujetó con un fino cordel y unas puntillas, que luego cortó por la mitad con una pinza, dejando las puntas como lanzas afiladas. El instrumento recién fabricado, se conoce en ese deporte como "señuelo".*

Como área de aprendizaje, escogió un pasillo estrecho con una salida. Se sentó sobre un saco en el suelo, y me sentó a mí delante de él, constantemente recordándome la frase:

— *Quieta, Lucy.*

La palma de su mano derecha rozó mi cuarto trasero varias veces, en señal de advertencia, pero sin golpearme. Con la mano izquierda me dio a oler el señuelo en varias ocasiones, hasta que lo lanzó al frente, a una distancia de unos cinco pies. Traté de salir corriendo a buscarlo para morderlo, pues su olor peculiar me fascinaba, pero muy rápido, él me agarró por la piel que cubre mi cuello y me sonó dos nalgadas con su mano abierta, mientras gritaba:

— *¡Quieta, Lucy!*

Quedé en el lugar como petrificada, algunos temblores sacudieron mi cuerpo; en parte por miedo y en parte por aquel señuelo al que no le quitaba la vista. Cuando el Maestro, estuvo convencido que no me movería del lugar me dejó libre. No podía determinar si era algo natural o sobrenatural, el olor me dominaba. Hice varios intentos de salir corriendo hasta él, pero me lo impidió con gritos autoritarios de:

— *¡Quieta, Lucy!*

Volvió a darme alguna que otra palmadita,

que me hicieron temblar, y para vergüenza mía se me aflojó una zapatilla y rocié el piso.

Al notar mi obediencia, mi amo me impulsó hacia adelante, esta vez diciendo:

— Cobra, Lucy.

Con el empujón recibido y la nueva orden de mando, salí corriendo hasta el señuelo. No fue difícil atraparlo, pero al tratar de morderlo con fuerza, las afiladas puntillas me hirieron las encías y la lengua, en ese instante no sentí dolor. Con el atrapado en la boca, busqué un lugar en aquel estrecho pasillo por donde huir con la presa capturada, pero la única salida estaba bloqueada. Muy rápido corrí hacia él, con la intención de pasar por el espacio entre su cuerpo y la pared, pero me lo impidió con sus manos fuertes, sentándome al frente; con firme autoridad en sus palabras me decía:

— Dame, Lucy.

Escuché entonces la tercera voz de mando.

Las clases eran diarias, aunque no sobrepasaban los quince minutos. Mi Maestro empleó muchos días y suma dedicación, para enseñarme la forma de cobrar con educación y siguiendo las voces de mando. Jamás permitió la presencia de otra persona, en el desarrollo de mis primeras lecciones, pues según conversaciones con su esposa, cualquier ruido, frase o criterio durante el aprendizaje, podían desviar la enseñanza que me impartía.

Debo reconocer que mi dueño fue severo

durante mi aprendizaje, pero cuando realizaba sus órdenes de mando correctamente, sus caricias nunca faltaron. La que más me gustaba y que me acompañó toda la vida a su lado, fue el trasteo de sus dedos en mis orejas.

Habían pasado dieciséis días, desde mi llegada a la casa del carpintero, y faltaban ocho para cumplir mis primeros dos meses de vida. Esa tarde el Maestro reunió al familión complete, en el patio de la casa. Estaban presentes sus padres, su hermano con su esposa e hija de tres años, así como mi siempre fiel defensora Villy y su hija Osmy.

— Tata ¿qué ha pasado? —le preguntó su hermano con preocupación.

— No te asustes, no ha pasado nada del otro mundo, simplemente quiero que vean trabajar a Lucy.

— Tan pequeñita... ¿qué le has enseñado? —volvió a preguntarle su hermano, conocido desde su infancia con el seudónimo de "El Conejo". El sobrenombre se lo ganó por la velocidad que desplazaba en los juegos o ante el peligro, a pesar de su baja estatura y piernas semiabiertas, cuño oficial de la familia Perera.

— Ya versa, no te desesperes, —respondió.

— Lucy, ven aquí.

— En ese momento, Lucy se encontraba algo distante, pero al escuchar la voz de mando, obedeció con rapidez. Al llegar a su lado fue recibida con las acostumbradas caricias en las orejas, las que ella agradeció con el constante movimiento de su cola.

— Siéntate Lucy, —le dijo con autoridad.

La Siempre Fiel, obedeció con elegancia. El Maestro extrajo el señuelo del bolsillo de su pantalón, y después de dárselo a oler varias veces, lo lanzó a unos doce pies de distancia. Lucy, hizo un ligero intento de salir corriendo a buscarlo, pero quedó inerte como una roca, ante el grito de:

— ¡Quieta... Lucy!

Ninguno de los presentes se movió, ni articuló palabra, mirando la escena con asombro. Pasados unos segundos, le ordenó.

— Cobra Lucy.

Como una saeta disparada por un experto, salió Lucy en busca del señuelo, cogiéndolo en la boca con el estilo de una profesional. Había aprendido bien la lección, si mordía con fuerza las afiladas puntillas podían cortarle las encías o la lengua. Con este atrapado, miró con atención al amo desde lejos. Es de suponer, que quedó asombrada al observar tantas personas presentes en la repetición de aquella clase. La nueva voz de mando, se oyó al instante:

— Dame Lucy.

Al terminar la frase, extendió su mano derecha, mientras apoyaba una de sus rodillas en el suelo. Lucy, corrió hasta él con la misma elegancia ya mostrada. El señuelo con las plumas de codorniz, era casi la tercera parte de su cuerpo. Al llegar muy cerca de su dueño, escuchó la otra voz de mando:

— Siéntate y dame, Lucy.

Algo nerviosa por la presencia de tantas personas obedeció, recibiendo al instante doble o quizás triple ración de caricias.

El Conejo no podía creer lo que veían sus ojos, por lo que dijo a su hermano:

— Tata, repítelo otra vez.

— No, otro día será. Esta es la primera demostración frente al público, y Lucy puede entretenerse, haciéndome quedar mal. Después tú eres el primero que empiezas con la burla y la risita y...no... no puede ser.

Los demás familiares celebraron la inteligencia y obediencia de aquel animalito a pesar de su corta edad. Ese día inolvidable para ella, recibió múltiples elogios de todos los presentes, y algunos vecinos que miraban desde sus casas.

Transcurrieron muchos días y las clases cambiaron de horario, comenzando a ser impartidas en la noche; el trabajo de carpintería se había extendido y el tiempo ya no alcanzaba. El Maestro comenzó una nueva clase. A La Siempre Fiel se le ordenaba sentarse en un lugar determinado, y se escondía el señuelo, para que ella lo buscara por el olor. Con sólo dos meses y medio de nacida, Lucy dio muestras de su buen olfato, encontrando y entregándolo con estilo y obediencia, siguiendo las reglas aprendidas.

Con la ayuda de Ordo padre de Cuco, comenzó a enseñarle nuevas técnicas y acciones a realizar.

— Lucy ven y siéntate aquí —le dijo al terminar su trabajo.

La voz de mando fue obedecida.

— Recuerda Ordo —dijo: —cuando yo lance el

señuelo por el aire, suena la lata con fuerza, pero con un solo golpe, como si fuera el disparo de un arma de fuego.

— Quieta, Lucy.

El señuelo fue lanzado y un ruido ensordecedor se escuchó dentro del local de la carpintería, cuando este le dio un fuerte golpe al recipiente de metal. Aunque el objeto fue a parar a unos quince pies de distancia, Lucy no se movió del lugar, ni hizo gesto alguno por el ruido del presunto disparo. Su entrenador le ordenó cobrar, con las voces de mando ya enseña-das. Esta nueva clase, se repitió durante muchos días, hasta que decidió hacer la práctica directamente con el arma de fuego, convencido de que Lucy no le tenía miedo a los ruidos. Para ese momento, ella ya había cumplido los tres meses.

Ordo, que en ocasiones trabajaba en la carpin-tería con el Maestro, le acompañó en esta nueva clase. Mientras caminaban hacia las afueras del pueblo le dijo:

— Entonces la cosa de hoy es al duro y sin guantes, del palito y la latica que utilizamos el otro día ¿qué se dice?, —preguntó medio que en jarana.

— ¿Qué quieres decirme con ese tonito burlón? —le respondió a su amigo, sin dar respuesta a su pre-gunta.

— Nada… como te veo con la escopeta al hombro y la lata con el palo ni se ve por estos con-tornos, imaginé que el entrenamiento de hoy es a tiro limpio.

— Bueno, aunque parezca incierto que halla-mos practicado a Lucy con la latica y el palito, es pre-

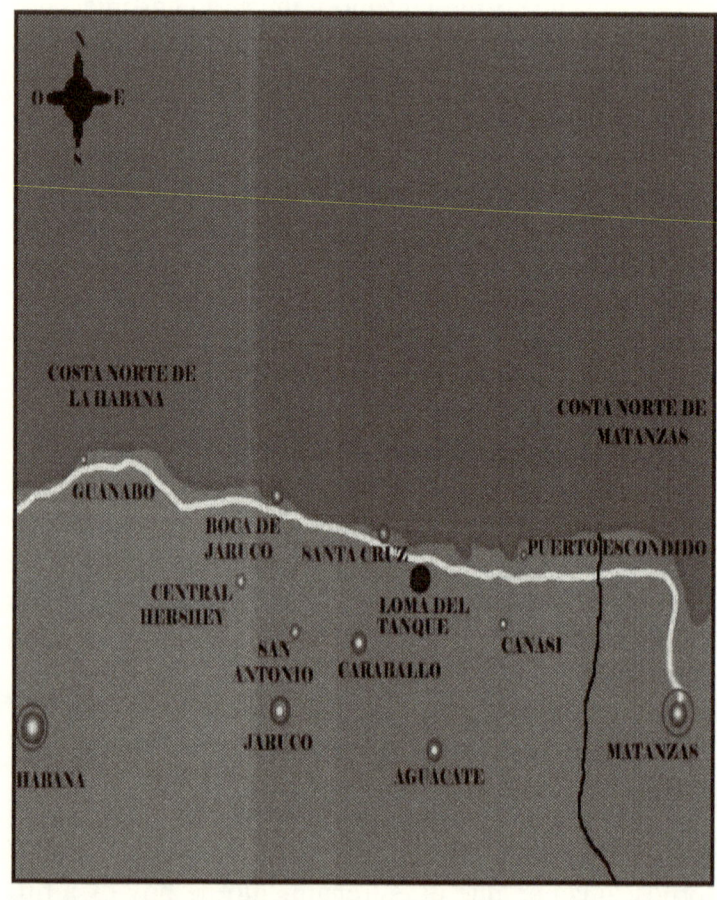

En el mapa se observa el lugar conocido como Loma del Tanque, pueblo donde nació Lucy. La franja que aparece paralela a la costa es la carretera Interprovincial Vía Blanca.

cisamente debido a la falta de cartuchos que existe desde Oriente a Occidente.

— ¿Con qué muerto hablaste?

— Acuérdate que los muertos no hablan, pero arañé la tierra y conseguí una pequeña cantidad de pólvora, y anoche en un rato monté unos cuantos cartuchos, veremos como reacciona la perrita.

Momentos después, llegaban a un campo cerca de la casa. Esta vez el señuelo era lanzado mas lejos, y casi siempre caía dentro de la hierba. Al ser disparados los cartuchos, sonaban muy altos, pero jamás intimidaron a Lucy, que siempre se mantuvo "quieta," sin salir corriendo, obedeciendo con tranquilidad la orden. A pesar de lo necesario que eran esas prácticas durante la enseñanza, no pudieron ser continuas debido a la escasez de cartuchos.

No parecía existir un solo lugar de la tierra, donde se escondieran las plumas de codornices que Lucy no las encontrara. En reiteradas ocasiones fueron colocadas debajo de un madero, en un latón de basura, en los campos de caña, en la rama baja de un árbol, o incluso dentro del bolsillo de alguien que se prestara para esas prácticas.

Hasta ese momento el objetivo de las clases impartidas, se habían cumplido a cabalidad. Lucy había dado numerosas muestras de obediencia e inteligencia, y el olor peculiar que emana de las codornices, estaba impregnado en sus pulmones.

Otra clase impartida y sabiamente aprendida, fue la de mantenerse siempre al lado de su dueño mientras el caminaba a cualquier lugar, su pequeño cuerpo nunca lo sobrepasaba. Si el detenía la marcha, automáticamente ella la detenía también. Al cruzar una cerca o traspasar una puerta, Lucy se sentaba mirando con insistencia a su amo, pero siempre esperaba que la llamaran:

— Aquí, Lucy.

Sólo entonces, ella traspasaba el obstáculo y se unía a su dueño, continuando así en el lugar que le habían enseñado.

Llegó el día tan esperado. Acompañados del Ordo, nos trasladamos a las afueras del pueblo. Con su escopeta marca Stevens calibre 16 al hombro, mi dueño buscó un área del campo donde supuestamente debían haber codornices. Aquella caminata entre las guardarrayas de caña de azúcar, fue larga pero no olvidé mantenerme obedientemente en su lado derecho. Al llegar a un campo abierto, se orientó, buscando de qué lado soplaba una leve brisa, para situarse en contra de ella y así ayudarme en mi primera prueba, buscando codornices. Después de caminar unos ciento cincuenta pies me dijo:

— Siéntate, Lucy.

Obedecí de inmediato, aunque el cansancio y el calor sofocante de la tarde me tenían jadeando y con la lengua afuera. El hincó una rodilla en la hierba y me acarició las orejas como ya era costumbre. Gracias a los cuidados de mis dueños, ya no era aquella criatura flacucha que llegó en un saco, pero tampoco era gorda.

— *Pasados varios minutos, se internó en el campo abierto y me llamó.*

— *Lucy, ven.*

Cuando llegué, me dio otra voz de mando desconocida para mí.

— *Lucy, busca adelante —al mismo tiempo que hacía un gesto con su mano derecha, indicando el frente.*

Con mi instinto de cazadora, corrí unos noventa pies hacia adelante, olfateando el aire y la hierba baja del potrero, buscando algún rastro de codornices. Varias veces me paré como electrocutada, pero no en muestra, sino por haber descubierto el rastro de un Sabanero, un ave que luego supe era muy abundante en Cuba. Dicen que su olor peculiar puede engañar a los perros de cacería que no tienen buen olfato, o cuando comienzan su entrenamiento. Pero un perro adulto y bien entrenado, considerado maestro no se deja engañar por ese olor, durante la cacería de codornices.

Había pasado más de un cuarto de hora, y no aparecía por aquellos contornos ningún rastro de codorniz. En ocasiones, tuvo que indicarme con la mano, el centro, el flanco izquierdo y derecho del potrero, para enseñarme a peinar toda el área.

El cansancio y la falta de ejercicio de los tres, nos obligó a sentarnos en el suelo, a la sombra de un árbol de almácigo.

— *Ordo, ¿cómo ves a Lucy buscando codornices en el campo? —le preguntó a su com-*

pañero de cacería.

— Domy, la verdad que esta tarde no hemos tenido suerte con las codornices, pero aunque es la primera vez que Lucy sale a buscar al campo, no se le puede pedir más. Con relación a la obediencia que tiene, y su olfato buscando el señuelo, hay que verlo para creerlo.

Pasaron varios minutos y ya estaba perdiendo las esperanzas de poder lucirme, cuando de pronto...lo sentí...

Mientras los dos hombres hablaban, Lucy que ya no presentaba tanto cansancio, se levantó del lugar donde se encontraba echada, olfateo en varias direcciones y caminó con cautela por el campo abierto, sin detenerse ni para recordar que el Maestro y su amigo habían quedado atrás, unos noventa pies de distancia.

Lucy, continuaba su trayectoria por entre los pequeños arbustos, cuando de repente se quedó totalente en muestra. De pronto, ellos que la observaban se dieron cuenta que tenía su cuerpo semiarqueado y su patita derecha levantada en el aire, y doblada a la altura de su primera articulación, con el rabo estático y semiabierto como un balancín de sillón, y otras curvas difíciles de explicar.

— Domy... ¿Qué le pasa a Lucy? —le preguntó el Ordo medio asustado.

— De aquí la hierba no me deja verla bien, pero está doblada como si tuviera dolor de estómago —respondió, — pero bueno, no perdamos tiempo y vamos hasta allí.

Al llegar al lugar indicado, cual no fue la sorpresa de ambos, al ver a Lucy marcando en perfecta muestra, lo que podía ser un bando de codornices escondidas entre la hierba. Los dos hombres se miraron en silencio. De pronto un ruido ensordecedor, emitido por el aleteo de una veintena de codornices, sorprendió a los cazadores y a ella.

Ante lo inesperado; el Maestro reaccionó por costumbre, cometiendo el error de disparar. El bando de codornices muy asustadas, fue a tirarse al interior de un sembrado de caña de azúcar. Lucy salió corriendo al sonar el disparo, y capturó una presa muerta entre la hierba. Como si ya fuese una perra experimentada en ese deporte, llegó hasta su entrenador, se sentó frente a él y le entregó el obsequio. Al instante trató de volver para seguir buscando, pero no lo logró, su amo la apretaba y la acariciaba constantemente. Ella respondió, agitando su cola y lameándole las manos.

El Ordo, también emocionado por lo que había acabado de ver, los observaba en silencio.

— ¿Qué te parece?

— Vaya, no es por nada pero lo que mi hijo Cuco te trajo como perra de cacería, es primera limpia. Se ve que tiene clase, por eso quizás el viejo la escogió para él, y no la quería regalar.

— Sí, tengo la impresión que va a ser tan buena en la cacería, que será historia en este pueblo y entre todas las personas que la conozcan… Tiempo al tiempo, que de eso no tengo dudas.

— Domy, ¿qué te pasó? cuando disparaste el tiro, te vi hacer una mueca de disgusto, y medio que

Lucy en muestra ante un bando de codornices escondidas
en la hierba.

Lucy haciendo otra muestra ante un bando de codornices
en una quebrada.

escuché una palabrota que se mezcló con el eco.

— Ordo, es cierto, nunca debí efectuar ese bendito disparo.

— ¿Por qué?

— Aunque tengo mucha obsesión en entrenar a Lucy, para utilizarla en las competencias que se hagan en el municipio, mi primer interés es especializarla en la codorniz, y dentro de unos meses presentarla en esos eventos. Todavía ella está muy pequeña para comenzarle a disparar directamente a las codornices. Además, no puedo llevarla a la cacería de palomas, porque puede llegar a confundir el olor de las plumas de ambas aves.

— Domy, ¿para qué entonces trajiste la escopeta?

— Mira, eso sí era necesario, para que se acostumbre a verme con ella, pero tirar... por el momento... no y no, es demasiado rápido.

— No te quejes, que Lucy cobró la codorniz, y la encontró entre la hierba.

— Sí, pero salió como un cohete al sonar el tiro, y en una competencia se pierden puntos por eso.

— ¿Dime quién? te ha enseñado tanto para entrenar a un perro de cacería.

— En los últimos tiempos he hablado con Chavito, Nardo y Tatín, que viven en la ciudad de Jaruco y tienen perros de cacería.

— Con Serafín el Brujito he hablado poco, está muy entrado en años y hace mucho tiempo que no tiene perros de cacería. Además, conoces al igual que yo y de toda la vida los resabios del viejo juez.

— Domy, estoy seguro que ese puñetero brujo

Lucy muestra una asustadiza codorniz al lado de una
roca en la quebrada.

El Autor de este libro acompañado de Lucy y Michel,
preparados para salir de caza.

tiene en su biblioteca algunos libros de cómo entrenar perros.

— Siempre recuerda, que no se le puede pedir a un árbol de limón que dé manzanas.

— Es verdad, él no es mala gente, pero ha sido un casa sola toda la vida. Oye, te has dado cuenta que Lucy quiere que la sueltes.

— Sí, eso estoy mirando pero en esta zona no hay quebrada, y por eso no tengo interés en soltarla.

— Quebrada ¿qué es una quebrada? —preguntó el Ordo.

— Los cazadores le llamamos quebrada, cuando las codornices se levantan asustadas, ya sea por el cazador que las azora o por cualquier motivo, y vuelan cerca o lejos, dispersándose al frente o hacia los lados de un potrero, para esconderse entre la hierba. Es ahí cuando se trata de llegar al lugar donde las codornices hicieron la quebrada, y se le ordena al perro que las busque. Imagínate, a veces por su buen olfato el perro encuentra a muchas codornices en la quebrada, y las va marcando una a una, poniéndose en muestra. ¿Quieres saber algo más? Es impresionante ver a un perro, tratando por medio del olfato entre arbustos, bejucos y espinas, encontrar las codornices escondidas. En ese instante ellas hacen el levante, y el cazador dispara, si el ave cae, el perro la busca y cobra, y así sucede con todas las que encuentra. Mira bien este lugar, aquí no hay quebrada, porque las cañas están muy altas y el perro no puede trabajar.

— No entendí bien una cosa, ¿quién hace el levante de las codornices, el perro o el cazador?

— En una competencia organizada, debe ser el

cazador el que cruce delante del perro en muestra, para que ellas asustadas se levanten, ya sea una o varias. Hay cazadores que no les interesan las competencias, y mandan al perro para que haga el levante con la voz de "mueve", por supuesto, enseñada con antelación.

— Domy, no entiendo mucho de esto, pero la veo desesperada olfateando el aire, suéltala a ver qué hace.

— Tengo el temor que Lucy penetre en el cañaveral, y se ponga a levantar las codornices como le dé la gana, por no tenerme a su lado.

— No creo que ellas se hayan tirado cerca de la orilla, —dijo el Ordo —con el ruido estruendoso que hizo el disparo, deben haber volado muy adentro.

— Sí, tienes razón, nos quedaremos sentados aquí y veremos cuál es su desespero.

— Lucy, busca adelante —le dijo el Maestro mientras la dejaba libre.

El campo sembrado de caña, estaba distante unos cien pies del lugar donde se encontraban ambos hombres. Una leve brisa se mantenía soplando desde el hacia ellos.

Al encontrarse libre, no emprendió una veloz carrera como pensaban, sino que continuó olfateando el aire con delicadeza y maestría, dio varios pasos cautelosos en dirección al cañaveral, y se paró.

Continuó su olfateo a determinada altura de la hierba, encogiendo y estirando su nariz, levantando la cabeza de vez en cuando, y girándola en distintas direcciones, pero siempre predominando el frente. Realizó varias de esas secuencias y comenzó a caminar con suavidad y delicadeza, tratando de no hacer ruido, y a la vez olfateando constantemente; como si quisiera ubicar con certeza algún olor emanado desde cierta distancia, ayudada en parte por la suave brisa.

— Domy, —le dijo el Ordo, estás mirando lo que está haciendo.

— Sí, está haciendo un trabajo de búsqueda como si fuera una profesional, pero no creo que pueda haber otras codornices tan cerca de nosotros. Eso puede ser el rastro dejado por el bando anterior, al cruzar por ese lugar.

— Bueno, yo no sé qué podrá ser, pero ella va rumbo al cañaveral con mucha precaución. Recuerdo ahora aquel programa español, que dieron en la televisión *"El Hombre y la Tierra"*, cuando los leones, tigres, y chitas olfateaban a sus presas a distancia y caminaban muy cautelosos y aplastados así.

— Yo también lo recuerdo.

Lucy, llegó a la orilla del cañaveral que no se había cortado el año anterior, y una gran cantidad de hojas secas hacían su entrada casi infranqueable.

Con delicadeza introdujo el hocico en una de las cepas, y olfateó el área varias veces. Segura de sí misma, entró sin interesarle la abultada paja, y desapareció de la vista de los dos hombres.

El Maestro y su amigo quedaron mudos, en espera de ver qué sucedía. No habían transcurrido dos minutos, y la vieron salir, tres cepas de caña más a la derecha de donde había entrado. Los dos hombres se pusieron de pie, asombrados al ver que llevaba una codorniz moribunda atrapada en la boca. Con rapidez llegó hasta ellos, y se sentó frente a su Maestro, obsequiándole el trofeo.

Su entrenador tomó el ave en silencio, la colocó en el interior de su bolso, y la acarició más de lo normal. Aquel trabajo profesional realizado por ella, se hizo historia entre sus amigos cazadores, y no cazadores. El Ordo simplemente dijo:

— Domy, esto que ha hecho, para creerlo fíjate lo que te digo… hay que verlo.

— Así mismo es, pero tengo la seguridad que ella según vaya teniendo más edad y experiencia, hará trabajos increíbles en la cacería, y el tiempo será el mejor testigo.

Aprovechando que tenía dos codornices con su plumaje fresco, las lanzó varias veces por el aire hacia el interior del cañaveral, cayendo a varios metros de distancia, entre los plantones y la paja seca. Este era su primer entrenamiento con aves, ya que los anteriores se habían realizado con el señuelo.

En ninguno de los lanzamientos ella salió corriendo para ir en su búsqueda, permaneció sentada esperando la orden para ir a cobrarlas. La nueva clase se prolongó por largo rato. Donde quiera que cayeran las codornices, ella las encontraba con su buen olfato, hasta que llegó la hora de volver a casa.

En el camino de regreso, el Ordo le preguntó:

— Domy, estaba pensando, ¿cómo fue que Lucy encontró la segunda codorniz?

— Para ella muy fácil, recuerda que tiene el olor peculiar de la pluma de la codorniz clavada en sus pulmones, en su cerebro, y en su alma. No olvides que hace meses que está cobrando el señuelo. Además, cuando estábamos sentados cerca del cañaveral, con el aire batiendo hacia nosotros, ella estaba algo intranquiquila, y estoy seguro que le daba el olor de la que mas tarde cobró. Me imagino que algunas municiones del cartucho que disparé, cuando el bando hizo el levante, la hirieron y cayó muy cerca de la orilla moribunda. Y con todo y eso, fíjate si esas aves son jíbaras, que se escondió dentro de la paja.

— Ya comprendo mejor.

En los días siguientes continuaron las prácticas de obediencia y cobro del señuelo, ya fuera lanzándolo por el aire o escondiéndolo en algún lugar. El tiempo transcurría, y se acercaba la temporada de caza.

Siempre Fiel.   *Domingo M. Perera:.*

LA MENSAJERA

Con mucha paciencia y la ayuda de su esposa, el Maestro enseñó a Lucy a subir y bajar por una escalera de mano, construida de madera, que estaba colocada en el patio de la vivienda de la planta baja, con el propósito de evitar dar la vuelta y usar la del frente.

Sin proponérselo, la nueva enseñanza convirtió a Lucy de la noche a la mañana, en la "mensajera" entre el carpintero y su esposa, y entre el matrimonio y la familia de los bajos.

Con la inteligencia de la perrita y el interés del dueño, no fue difícil enseñarla en aquella difícil escalera. Una tarde, la esposa del carpintero se encontraba en la terraza de los altos con una taza de leche para ella, mientras él estaba en los bajos, al pie de la escalera.

— Sube, Lucy —le dijo.

Movió la cola, pero no hizo movimiento alguno, la nueva voz de mando era totalmente desconocida para ella. Entonces le colocó sus patas delanteras en el primer escalón, pero como seguía moviendo la cola sin comprender, le dijo a su esposa:

— Villy, llámala y enséñale la taza con el alimento.

— Domy, no creo que pueda subir por esa escalera tan empinada. Bajaré para que tome un poquito de leche.

— No Villy, ella aprenderá, ten paciencia mujer. Recuerda que en la vida el que persevera triunfa.

— Sube Lucy, —le repetía la orden mientras su esposa lo hacía desde lo alto.

Lucy, obedeciendo una orden sube la escalera. De espaldas la fallecida mamá del Maestro en sus quehaceres cotidianos.

Ella se mantenía estática, meneaba su cola constantemente, y al observar que la esposa del carpintero tenía una golosina, comenzó a lamerse el hocico, sin dejar de mirarla.

El Maestro comprendió que la táctica de colocar las dos patas delanteras en el primer escalón, no tenían lógica, por lo que le colocó la pata derecha en el segundo escalón, y la izquierda en el primero, sin dejar de ordenarle que subiera; y Villy volvía a cumplir con la invitación. En ese momento, Lucy tenía miedo y un pequeño temblor sacudía todo su cuerpo. El dueño la ayudó a utilizar las dos patas restantes, y después le hizo adelantar las otras, sin dejar de sujetarla, ayudándola en todo momento. La Siempre Fiel, fue subiendo poco a poco, hasta llegar al escalón número quince de la empinada escalera.

Tomó tranquila el contenido de la taza, se lameó el hocico y miró a sus dueños, que la acariciaron con amor.

— ¿Cuál? es el motivo de enseñarla a subir y bajar por la escalera. —preguntó Villy intrigada.

— Pensaba en este momento, que cuando lo aprenda bien, tú no tendrás que bajar a ofrecerle algo de comer, o llamarme para que venga a recogerla. Además, ella podrá llevarme desde nuestra casa al taller de carpintería, agua, café, zapatos, chancletas, la tijera, en fin todo lo que pudiera necesitar.

— Entonces, cuando se gradúe en esta nueva enseñanza, será la mensajera entre tú y yo.

— Acaba usted de adivinar señora, pero falta la parte de su colaboración.

— ¿Cuál?

— Tienes que hacer una jabita pequeña de tela, con dos asas que entren por la cabeza de Lucy.

— Para colocar dentro tu pedido.

— Así es. ¿Qué te parece la idea?

— Muy buena. ¿Pero cómo? la enseñarás para que suba a buscar lo que necesitas.

— Es la parte más fácil, ya lo verás.

— Creo que tengo guardada una jabita pequeña de tela azul, déjame buscarla.

Pasado un instante, Villy se apareció con ella.

— ¿Sirve esta? —le preguntó a su esposo lanzándola desde lo alto.

— Esta misma hará las funciones de buzón de correo, es posible que la cabeza de Lucy entre por estas asas sin dificultad.

— ¿Y qué piensas hacer ahora? —le preguntó Villy, asombrada al observar a su esposo hacer tantos inventos.

— Colocaré la jabita en su cuello, y practicaremos en la escalera.

Aquella nueva enseñanza fue repetida en muchas ocasiones, hasta que llegó a realizarla sola. En los meses y años venideros, fueron cientos de veces las que Lucy subió y bajo la escalera, obedeciendo las órdenes. Cuando el carpintero tenía sed, o necesitaba otros zapatos más cómodos, o quizás la única tijera que había en la casa para cortar una plantilla, sólo tenía que llamar a su esposa por un intercomunicador, construido con las piezas de un radio marca Siboney de fabricación rusa.

Llegó el momento en que ella aprendió, que cuando oía al Maestro conversando con su esposa en los altos, sería enviada como mensajera entre ambos. Entonces, se sentaba a su lado en espera de la orden. Él abría la vieja puerta del taller y le ordenaba:

— Lucy, sube y cobra.

Esta corría como una flecha por el patio, y subía con facilidad. Al llegar a la terraza de la planta alta, se sentaba y Villy con cariño y suma delicadeza, le colocaba la pequeña jaba en el cuello, con el pedido en su interior, al mismo tiempo que le decía:

— Lucy, llévasela a Domy.

Obedeciendo, bajaba las escaleras llevando el pedido a su dueño. Debido a ese nuevo acontecimiento, el carpintero tuvo que demostrarles en repetidas ocasiones a sus familiares y amigos, la obediencia y destreza de Lucy, al subir y bajar las escaleras, con su jabita colgada del cuello.

Siempre Fiel.   *Domingo M. Perera:.*

EL CAZADOR CUBANO*

A pesar de ser Cuba un país pequeño por su extensión de terreno, puede ser considerado el primero en la exportación de pertrechos de guerra y subversión a otros países, durante la dominación comunista en su territorio. Ahora bien, cuando se habla de practicar el deporte de la cacería al nivel de pueblo, ocupa el último lugar. Nadie, que no haya vivido en la Isla, puede imaginar, los sacrificios realizados por los amantes de ese deporte, con la finalidad de practicarlo.

Debido a la escasez, los cazadores cubanos tienen que darse a la tarea, de conseguir los materiales a riesgo de caer preso. También podían sufrir algún accidente, durante la preparación de los mismos, o durante el montaje en las vainas, todo debido a la falta de medios de protección.

Los cazadores de la elite comunista, jamás han tenido la necesidad de pasar por sacrificios, y mucho menos, arriesgarse a peligros, para tener bastantes cartuchos y cazar donde deseen.

Los materiales a conseguir y preparar son los siguientes:

1. — Pólvora
2. — Cazuelitas
3. — Fulminante
4. — Municiones
5. — Tacos
6. — Vainas usadas

Pólvora

Se consigue, cuando el cazador tiene contacto con reclutas del Servicio Militar Obligatorio*. Los militares u oficiales del ejército en servicio, la substraen de los almacenes o polvorines, en las Unidades militares a que pertenecen, ya que están necesitados de dinero.

Por lo regular, esa pólvora viene de la fábrica en sacos de tela en forma cilíndrica, de una pulgada de diámetro por seis pulgadas de largo. Según los militares, es utilizada en los morteros, estando en forma granulada, por lo que es necesario molerla y convertirla en polvo. Para realizar esta operación peligrosa, se utiliza una máquina de moler granos como: café y maíz.

La pólvora, tiene que echarse en el embudo de la máquina en pequeñas cantidades, haciendo girar la manivela despacio. Este trabajo resulta agotador, porque tiene que pasarse por el equipo unas cinco o seis veces, hasta lograr que quede fina, pero no pulverizada. Algunos inventores, le han colocado un motor eléctrico a la máquina, para agilizar el trabajo de molida, pero esto resulta muy peligroso. En reiteradas ocasiones, a muchas de estas personas se les ha incendiado la pólvora mientras la muelen, recibiendo quemaduras en las manos, la cara y el cuerpo. Una vez terminada esta operación, se deposita en una caja metálica, y se pone al sol del mediodía por espacio de dos horas, para que los rayos solares la oxiden, y a la vez eliminen la humedad que pueda contener.

A simple vista se puede ver que la pólvora pier-

Máquina manual muy antigua de triturar granos, utilizada
para moler la pólvora.

La pólvora molida en el interior de un recipiente.

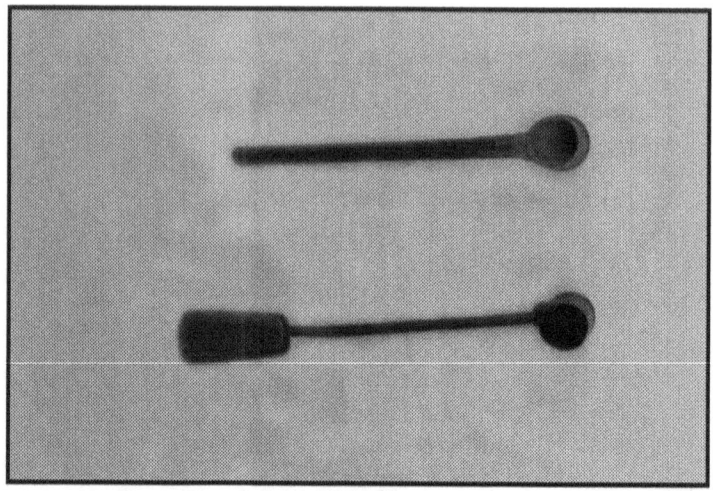

Herramientas caseras utilizadas para la medida de la pólvora
y las municiones en el interior de la vaina.

Invento cubano. A esta vieja maquina de triturar granos, se le
adaptó un motor eléctrico, una polea construida de una llanta
de bicicleta y una correa para moler pólvora.

de su color verde oscuro y cambia a un color rojizo.

Terminado este proceso, se guarda en un frasco plástico o de cristal para ser usada.

Cazuelitas

Se nombran "cazuelitas" a los pequeños depósitos, donde se echará el fulminante una vez preparado. Estas se obtienen de los cartuchos ya tirados, o se pueden construir de una plancha de metal muy fina y dócil. La maquinaria para hacer estas cazuelitas, es un equipo manual de zapatero, utilizado para hacer los ojetes en la lona o cuero del calzado, adaptándole a esa máquina, una aguja a la medida necesaria, según requiera el diámetro de la cazuelita.

La máquina se opera manualmente, para que la aguja perfore la plancha de metal y las cazuelitas salgan de la parte de abajo.

Fulminante

Se nombra fulminante, a la unión de dos materiales diferentes, que al mezclarse se convierten en un componente altamente explosivo. Para confeccionar éste explosivo peligroso, es necesario conseguir con algún sacrificio, por la escasez y el racionamiento, cierta cantidad de cajas de fósforos llenas, para utilizar la cabeza de los mismos y la lija adherida a la caja.

Los fósforos se echan en un sobre de nylon, y se colocan dentro de un congelador durante diez o quince minutos, para que las cabezas se suavicen con la humedad y puedan separarse de los palillos con la

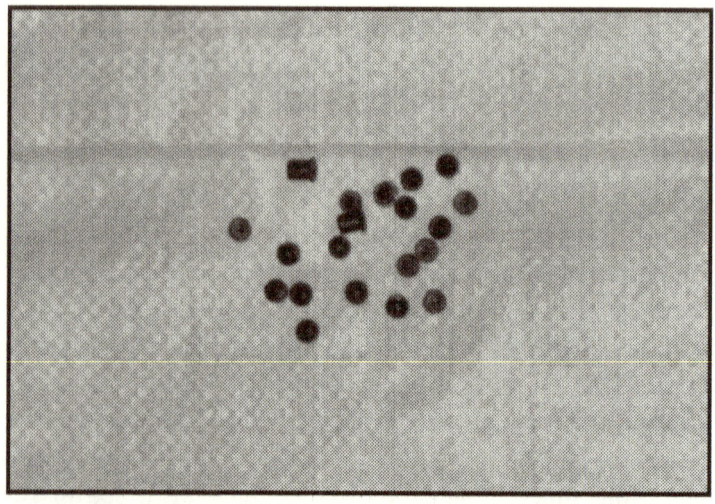

Distintos modelos de fulminantes tirados por las escopetas y listos para ser reconstruidos y recargados.

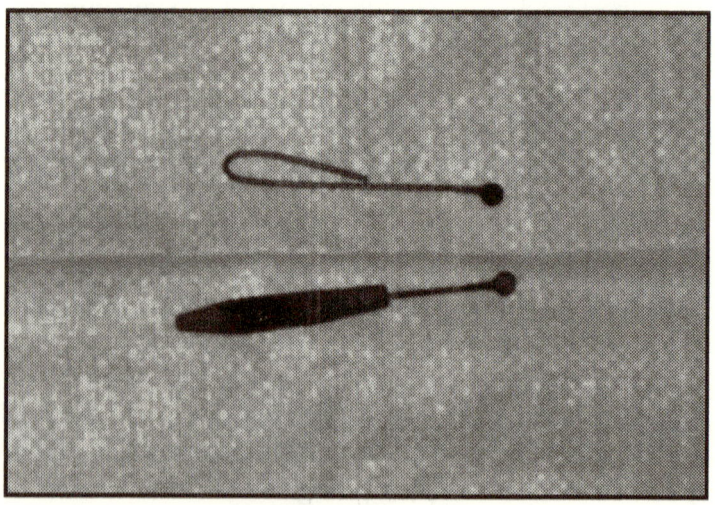

Herramientas caseras utilizadas para colocar la mezcla del fulminante.

Cristal rayado para frotar el litro y hacer polvo la lija y las cabezas de fósforo.

Litro utilizado para frotarlo en el cristal.

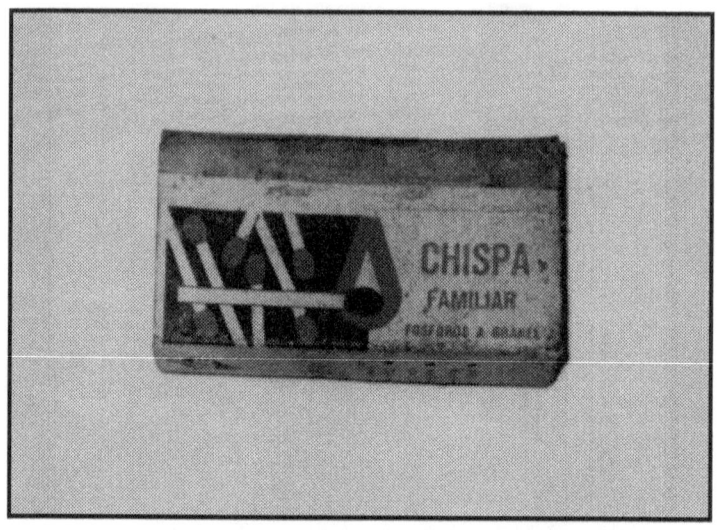

La Caja de fósforo familiar que se utilizaba.

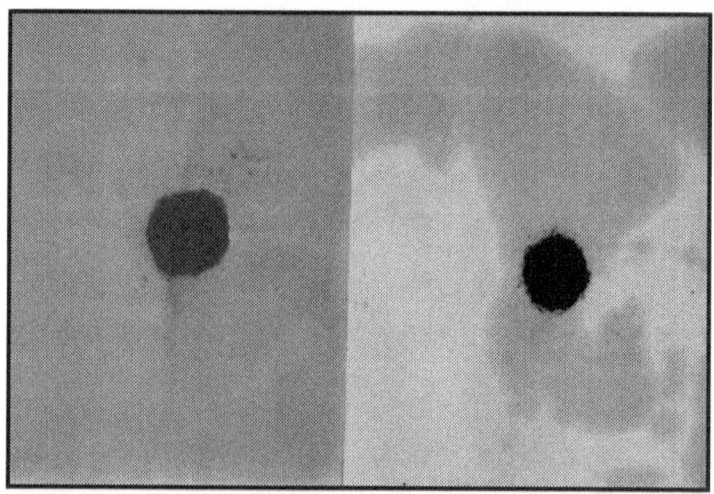

A la izquierda el fósforo y a la derecha la lija, ambos
pulverizados y listos para mezclar.

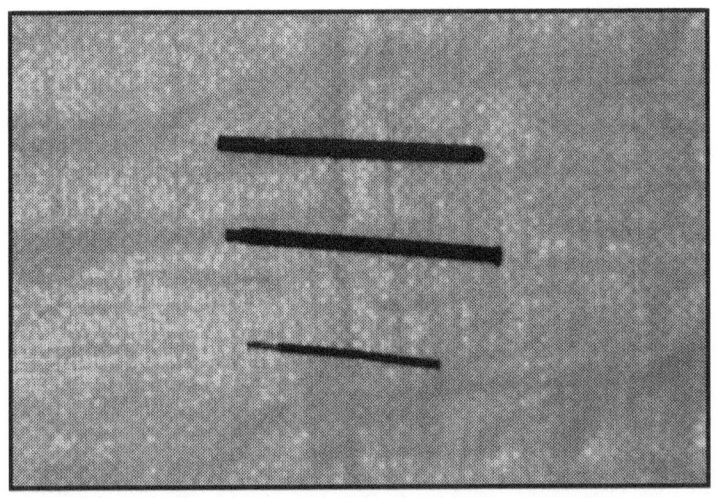

Herramientas caseras, construidas de metal y madera para
arreglar y montar fulminantes.

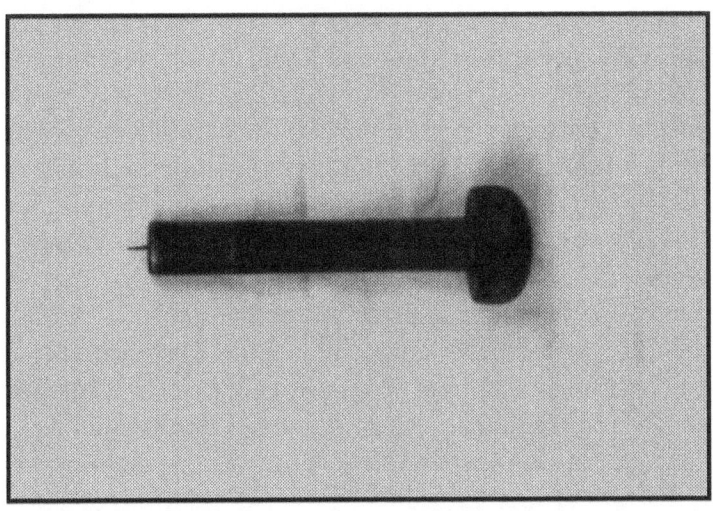

Herramienta utilizada para extraer de las vainas los
fulminantes tirados.

yema de los dedos, luego se echan en el interior de un envase, que puede ser de cartón, plástico o cristal y se colocan al sol del mediodía durante una hora, para quitarle toda la humedad. La lija de la caja se separa utilizando un gotero con alcohol, para mojar la superficie unas tres o cuatro veces, hasta lograr que la lija absorba el líquido y se ablande.

Con una cuchilla de afeitar y suma paciencia, el cazador comenzará a raspar la superficie húmeda, extrayendo de la caja de fósforo una pasta negruzca, que irá colocando en un recipiente de cartón. Una vez terminada esta operación, la pasta se pondrá a secar al sol por espacio de una hora. Por el momento estos dos materiales, fósforo y lija por separado, no representan un peligro para quienes los trabajan.

Una vez que se ha extraído toda la humedad de ambos componentes, se procede a molerlos por separado. Para este trabajo, se necesita un cristal de doce por dieciocho pulgadas como mínimo, aunque estas medidas pueden variar, por lo que son opcionales.

Las dos caras del cristal deben rayarse con una lija de esmeril de grano fino, para impedir que las cabezas de fósforo y las lijas resbalen. Ambos componentes se convierten en un polvo fino, al ser frotados contra la superficie del cristal, utilizando una botella del mismo material como utensilio. Terminada esta labor, comienza la más peligrosa, que es unir el fósforo y la lija hasta lograr una consistencia de un talco muy fino. Para obtener un fulminante de precisión y calidad, el cazador introduce dentro de una vasija plástica, tres porciones pequeñas de fósforo molido y una porción de lija. Una vez que ambos materiales se encuentren unidos, se convierten en un explosivo muy peligroso.

Seguidamente; se vierte cierta cantidad de alcohol en el recipiente, para humedecer ambos componentes y reducir su peligrosidad. Con un pedacito de madera similar a un lápiz, se comienza a revolver el contenido del recipiente en forma de círculo, sin temor a que estalle, gracias a la humedad. De esta manera se logra una perfecta unión entre el fósforo y la lija. Después se procede a verter la mezcla en un papel periódico, con el objetivo que éste absorba parte de la humedad producida por el alcohol, y se coloca al sol para extraer la restante. Una vez seco, se guarda en una pequeña caja de cartón para ser utilizado.

Por falta de experiencia, algunos cazadores guardan este material, en un pequeño pomo de cristal con tapa de rosca, echándole cierta cantidad de alcohol en su interior para mantenerlo lo mas húmedo posible. Al transcurrir semanas o meses, cuando necesitan una cierta cantidad de fulminante para recargar sus cartuchos y desenroscan el pomo de cristal, éste explota con una intensidad increíble, por haberse evaporado el alcohol que tenía en su interior.

Por la escasez, se cuentan por cientos los cubanos, amantes de este deporte, que han perdido partes de los dedos, la visión de un ojo o quemaduras en el cuerpo.

Este tipo de fulminante casero, puede ser utilizado en cualquier calibre de cartucho, con un ciento por ciento de calidad, aunque es bastante destructor para el arma de fuego, ya que es muy corrosivo, sobre todo si no se limpia bien.

Municiones

Para la fabricación de municiones, es necesario conseguir plomo de cualquier tipo, del utilizado en las baterías de autos, el balanceo de las llantas, o incluso el de las barras de los plomeros.

Dicho plomo se coloca en el interior de una caldera de hierro, aplicándole candela mediante un soplete o fogón de petróleo, aunque muchos utilizan leña. Cuando aparecen diferentes colores en la superficie del plomo derretido, significa que está alcanzando los grados necesarios. Para saberlo a ciencia cierta, se introduce con mucho cuidado un largo papel de periódico o cartucho, torcido en forma de tabaco, para evitar quemarse las manos. Si el papel colocado en la superficie del plomo derretido se prende, significa que está listo para realizar el proceso de fabricación. Otro equipo necesario, es un tanque de metal que puede ser cilíndrico de unas treinta pulgadas de alto y seis u ocho de diámetro, aunque sus dimensiones pueden variar. Uno de los extremos se tapa con un metal herméticamente, haciendo las veces de fondo y el otro extremo se deja abierto. A una pulgada de su borde, se suelda un angular en forma de U de dos pulgadas de ancho por cinco de largo, que realizará la función de drenaje. El cazador echará miel de purga* en el interior del tanque, hasta llegar a una pulgada del borde del angular.

Otro implemento necesario en la fabricación de municiones, es el gibe o guayo de metal, que debe ser cuadrado, de dos pulgadas por cada lado, y aproximadamente una y media de alto. A uno de los lados se

Tanque de construcción casera con miel de purga en su interior.

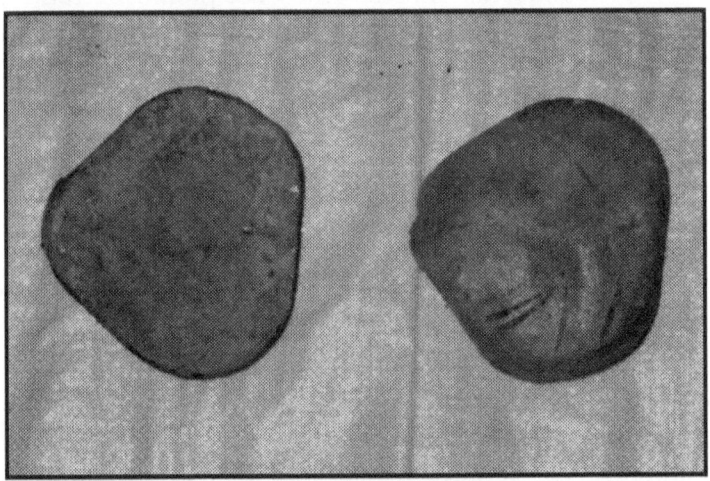

Tortas de plomo listas para ser derretidas y
convertirlas en municiones.

suelda un alambre de un cuarto de pulgada, que realizará las funciones de cabo o mango. Esta caja de metal, debe tener unos pequeños agujeritos de diámetros uniformes en el fondo, para que las municiones tengan el mismo tamaño. El área de rabajo debe estar bien cerrada, ya que la corriente de aire daña el plomo enfriándolo rápidamente. Este al perder la temperatura, perjudica la calidad de las municiones, saliendo por los hoyitos del jibe con defectos, perdiéndose todo el sacrificio realizado.

Una vez que se haya echado la miel de purga en el tanque hasta el nivel necesario en la viga U, se coloca el gibe o guayo en el borde superior del mismo, quedando el fondo de pequeños hoyitos muy cerca de la miel. Si el plomo tiene la temperatura necesaria, se procederá a verterlo en el interior del gibe.

Cuando los chorros finos del plomo derretido, salen por los hoyitos y entran en contacto directo con la miel, se dividen en pequeñísimas bolitas conocidas como municiones. Al caer el plomo sobre la miel de purga, esta se calienta y comienza a desplazarse por el angular U, por lo que deberá recogerse con una vasija para evitar derrames. Al terminar esta operación, se extraerán todas las municiones del fondo del tanque, y se lavarán con agua limpia, para quitarle todo el residuo de miel, colocándolas encima de un papel para secarlas al sol. Luego se echan en un pomo de cristal o plástico con cierta cantidad de grafito, se tapa y agita por espacio de varios minutos para que el polvo se adhiera a las paredes de las municiones, haciéndolas más resbaladizas al salir disparadas por el cañón de la escopeta. Algunos cazadores, han utilizado un tubo de

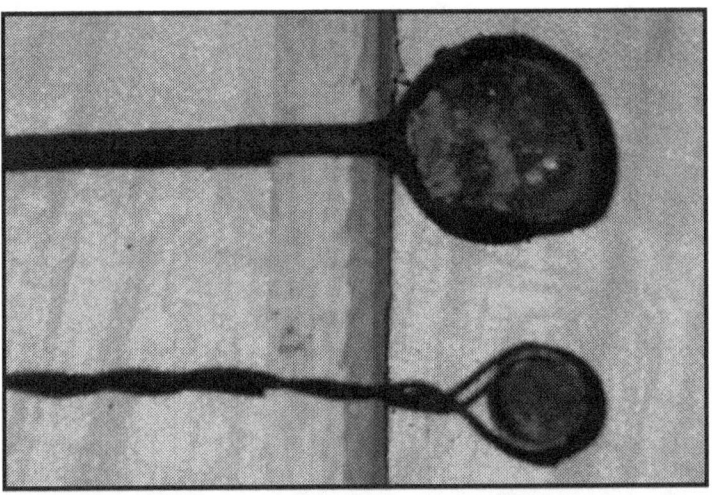

El cucharón en la parte superior para extraer el plomo derretido.
El de abajo, es el jibe con hoyitos muy pequeños por
donde saldrán los chorros derretidos.

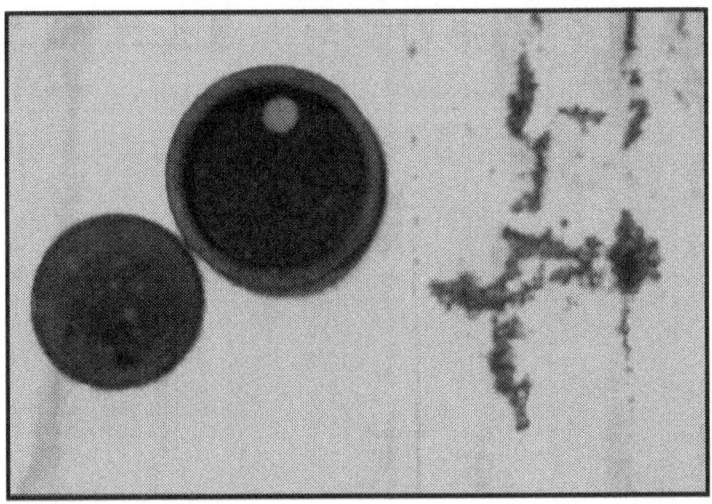

Torta de plomo y municiones fabricadas por el cazador.

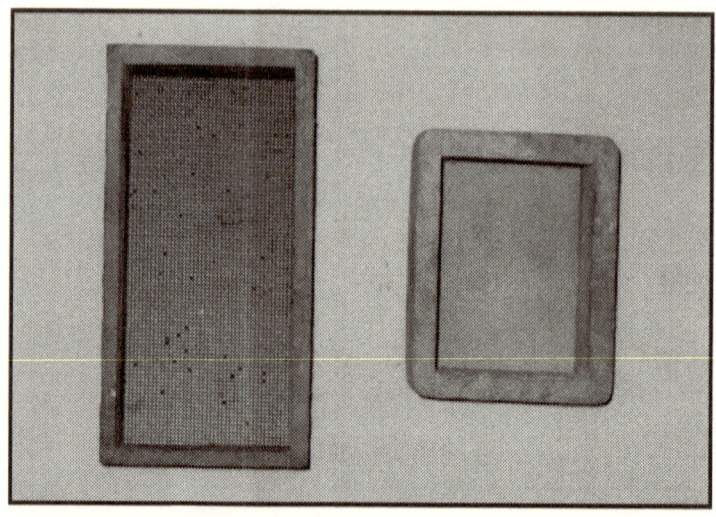

Gibes de malla, para seleccionar el grueso de las municiones.

Tubo de regadío adaptado para grafitarlas.

regadío de seis u ocho pulgadas de diámetro, por veinte de largo para aplicar el grafito, sin el trabajo manual. El tubo lo tapan por ambos extremos, con una pieza de madera redonda, y a uno de los dos, le abren un agujero de una pulgada, colocándole un tapón del mismo material, después de echar en su interior las municiones y el grafito, lo ponen en un torno de trabajar la madera, para darle vueltas mediante el motor, por espacio de varios minutos.

La fabricación casera de municiones, aparte de ser peligrosa, también puede afectar la salud; el plomo derretido, desprende sustancias tóxicas muy nocivas, que son inhaladas por quienes lo trabajan, sin tener medidas de protección.

Tacos

Se denominan tacos, a los distintos materiales usados en el montaje de un cartucho, estos tienen que ser cortados a la medida del interior de la vaina. Se utilizan distintos tipos de materiales tales como: cartón, papel grueso, corcho, aserrín de madera, la goma de las chancletas en desuso, fieltro, etc. Los tacos de presión,* son colocados en un área del interior de la vaina, que aparte de separar la pólvora de la munición, sirve para ejercer la presión que necesita el cartucho cuando explota la pólvora. Cuando se le echa la munición a la vaina, se hace el cierre de la misma con uno o más tacos de cartón.

Una vez que el cazador consigue el material antes mencionado, necesita una broca* para cada calibre de cartucho, doce, dieciséis y veinte, pues los diá-

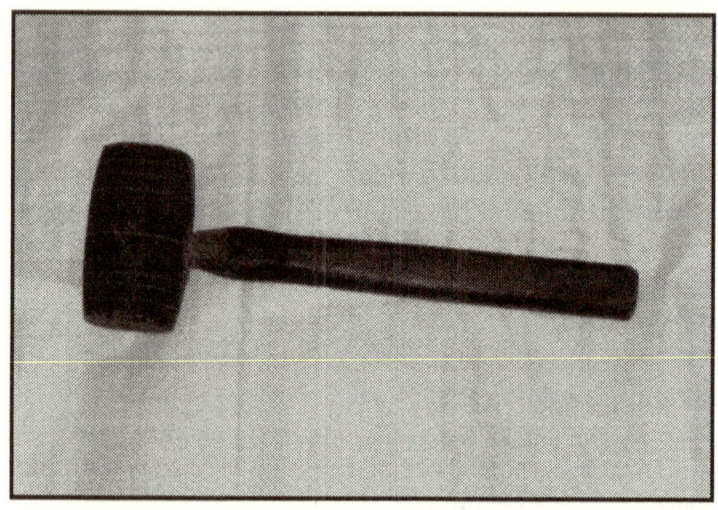

Maceta de madera utilizada en diversos trabajos para el
montaje de cartuchos.

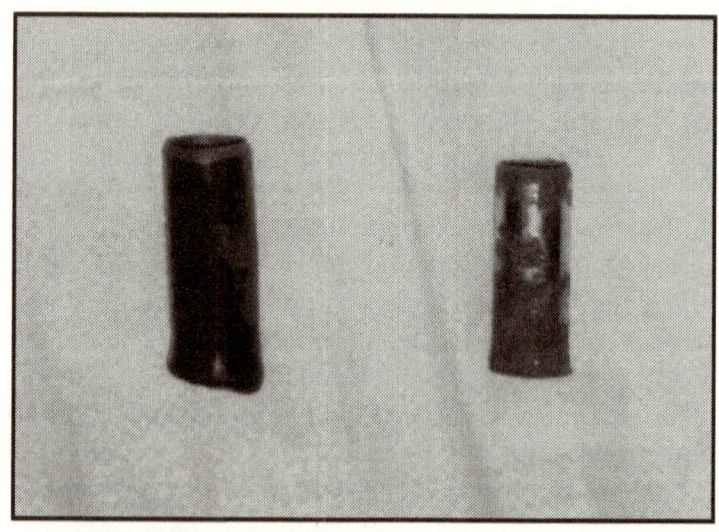

Brocas de fabricación casera construidas de tubos de hierro.

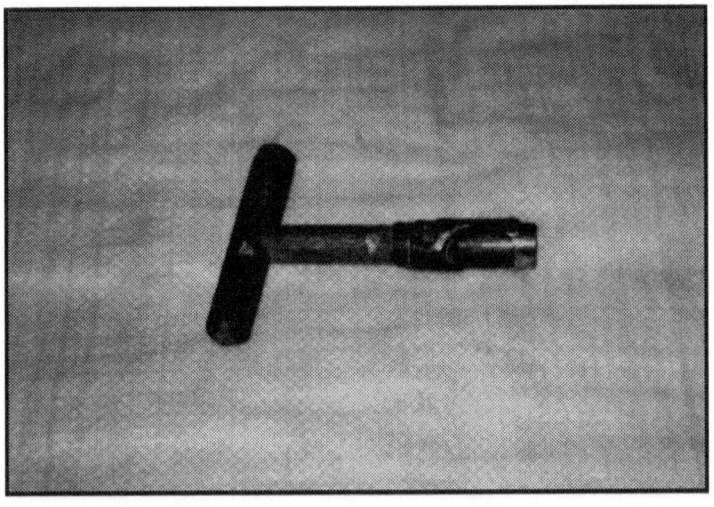

Broca de fabricación casera, para cortar tacos de materiales
suaves como el corcho y poli-espuma.

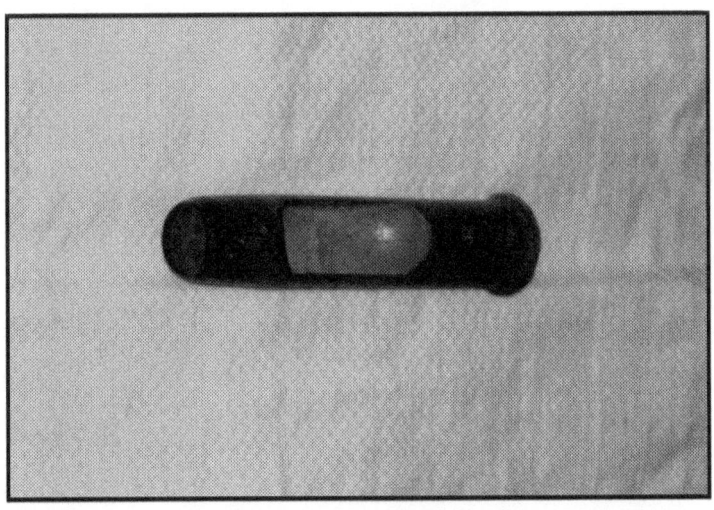

Broca de fábrica que poseían muy pocos cazadores,
para cortar tacos de cartón, goma etc.

Herramienta de madera de fabricación casera, utilizada para presionar los tacos en el interior de la vaina.

Distintos modelos de tacos. Cartón, poliespuma, aserrín y corcho.

metros de los tacos no son igual en cada cartucho recargado, lleva entre doce y quince tacos, variando la cantidad debido al grueso del material. Para hacer los mismos, también es necesario conseguir una maceta de madera, pues un martillo dañaría la cabeza de la broca.

Con estos utensilios a mano, golpeará con la maceta, la parte superior de la broca, y ésta a la vez ponchará el cartón u otro material, obteniendo los tacos uno a uno. Es incalculable el número de veces que hay que dar con la maceta para obtener la cantidad de tacos que lleva un cartucho. Las brocas primitivas, utilizadas en este proceso no eran de fábrica y mucho menos construidas en un torno. En la década de los setenta y parte del ochenta, los cubanos utilizaban como broca casera, tubos de hierro galvanizado, de cobre, o de bronce, que se ajustaban a la medida interior de las vainas de metal o cartón. Un ejemplo lo es el tubo galvanizado de media pulgada, utilizado en Cuba como conductor de agua en las construcciones, que tiene la medida exacta del taco utilizado en el calibre dieciséis.

Vainas

En este deporte, se nombran vainas al cartucho de escopeta vacío, ya sea nuevo o de uso, y que son de material plástico, cartón o metal. En cierta ocasión el gobierno cubano vendió vainas de metal bronceadas a los cazadores, para que las recargaran, y había que pasar el mismo trabajo que con las demás para montar su carga. Todas las vainas de uso, tienen que ser llevadas a su medida normal, o sea de diámetro, antes de

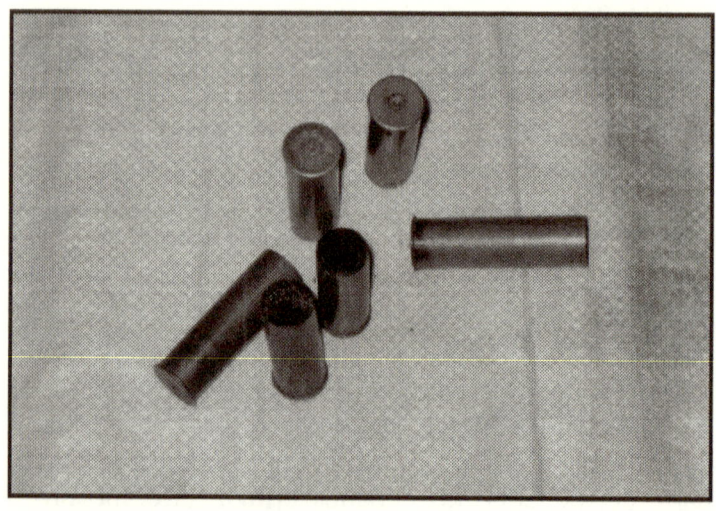

Vainas metálicas usadas.

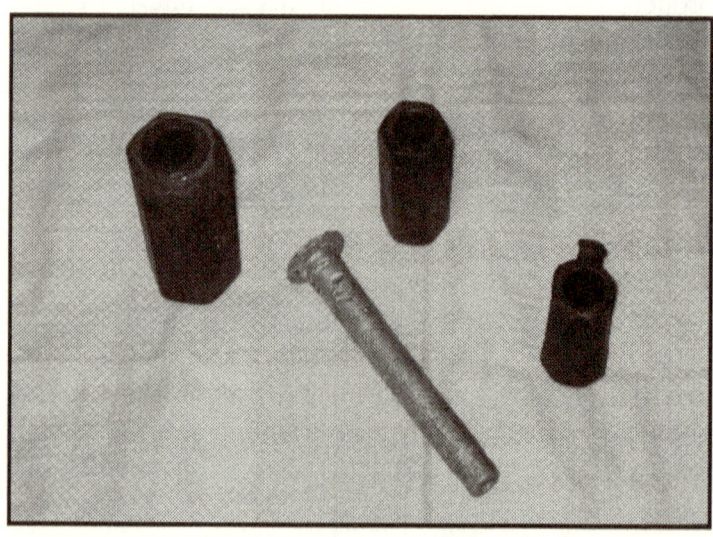

Herramientas de fabricación casera. Botador y reductores de
hierro y aluminio de distintos calibres.

montarlas de nuevo.

Para esta labor, se necesita un equipo llamado reductor, dentro del cual se coloca la vaina por uno de sus extremos. Teniendo que golpear fuertemente con la maceta de madera, en el lugar exacto donde la vaina lleva el fulminante, hasta lograr que penetre totalmente. A golpe de maceta y con un botador de metal en forma cilíndrica, hará regresar la vaina por donde entró. Este trabajo agotador es muy necesario, ya que los cartuchos usados, se ensanchan unas milésimas al producirse la explosión en la recámara de la escopeta, y después no se pueden volver a introducir.

Al terminar este proceso, las vainas se colocan en una vasija con jugo de naranja agria durante una hora, y luego se enjuagan con agua, por último en petróleo para evitar la oxidación. El secado se hace al sol.

Una vez que todos los materiales estén listos y limpios, se procede al montaje.

Montaje

Para realizar el peligroso trabajo de colocar los materiales explosivos y no explosivos en un cartucho de cacería, es necesario tener algunas herramientas manuales de fabricación casera, y con paciencia, y un gran deseo de practicar el deporte, el cazador podrá tener casi siempre el avituallamiento necesario para cumplir su objetivo.

Teniendo todo a su alcance, se colocan varias cazuelitas boca arriba encima de una mesa, para introducir en ellas la peligrosa mezcla de fulminante.

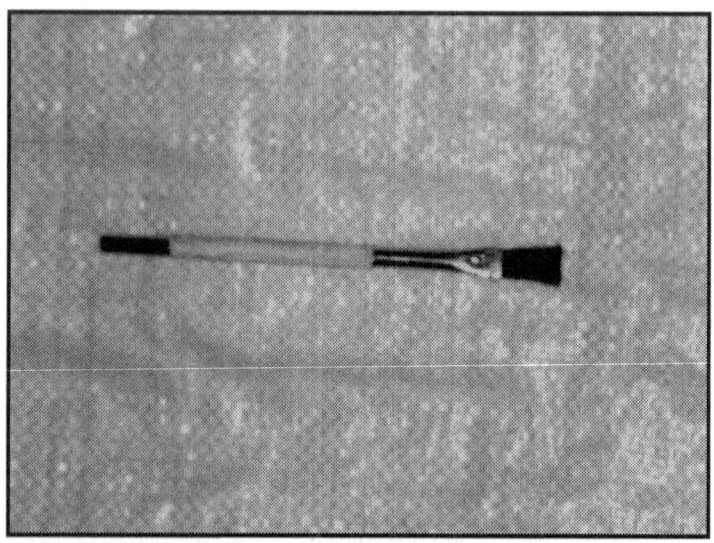

Pincel construido con los pelos de la crin de un caballo.

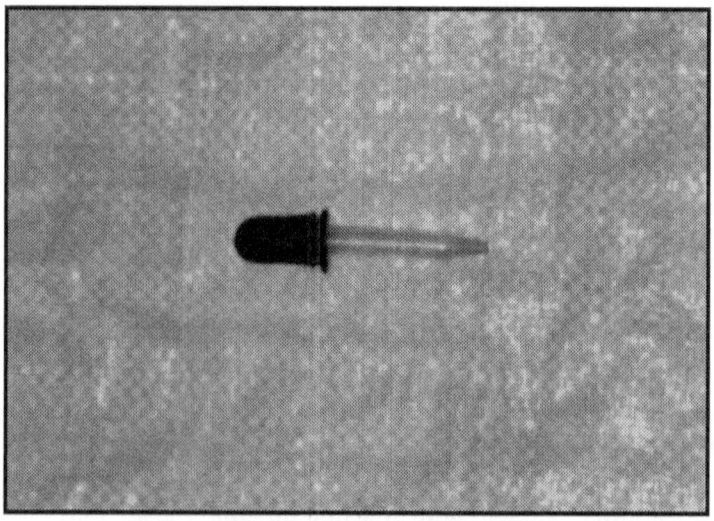

Gotero para trabajar con el alcohol en los fulminantes.

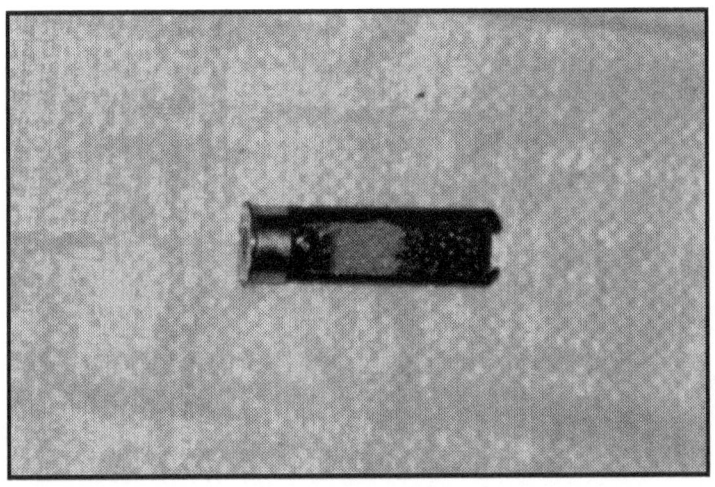

Vaina plástica de fábrica, recargada con materiales preparados
por el cazador. En el corte transversal se puede ver de
izquierda a derecha, la pólvora, el taco que la separa
del aserrín, y las municiones.

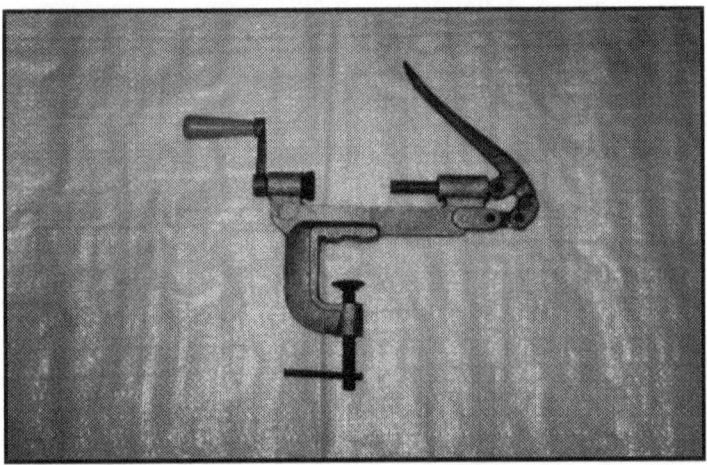

Máquina de fábrica para rebordear cartuchos de cartón. Fue
adaptada para montar los fulminantes a la vaina.

Se utiliza para esto una cazuelita de igual tamaño a las de llenar, que debe tener un mango, ya sea de alambre soldado con estaño, o de un pequeño pedazo de madera.

1. — La cazuelita utilizada como medida, se llena y se echa en una de las cazuelitas vacías, seguidamente con un gotero, se coloca una gota de alcohol, una vez humedecida la mezcla no explotará cuando se le coloque el fulminante en la parte trasera del cabezote.

2. — Con el fulminante en la vaina, se procede a cargarla con pólvora, utilizando un cartucho usado y cortado por la medida de la pólvora, al cual se le adapta un pequeño mango de madera, para sujetarlo.

3. — Cuando la medida de la pólvora se encuentre en el interior de la vaina, se le agregará cierta cantidad de tacos de presión, y con una madera redonda del grueso del interior de la misma, se empujaran los tacos hasta chocar con la pólvora, dejando el espacio o medida necesaria para colocar las municiones. Estos tacos a presión, tienen como objetivo ofrecer resistencia a la pólvora. Cuando se aprieta el gatillo del arma, el fulminante recibe el impacto de la aguja percutora, y estalla la pequeña carga en su interior, enviando una chispa de candela al área de la pólvora.

4. — Otro trabajo a seguir, es el de colocar la munición en el interior del cartucho, para lo cual debe

saberse el grueso que se va a utilizar, ya que la misma puede ser fina o gruesa, según el tipo de cacería que se practicará. El calibre se clasifica por números, por ejemplo: el 5, 6, 7, 8 y 9. A menor número, mayor grueso de munición.

También se requiere un instrumento manual, similar al de echar la pólvora en el interior de la vaina, pero algo más profundo, teniendo la medida exacta de la cantidad de municiones a colocar.

5. — La tapa o sello de cartón, es el último trabajo a realizar. Si las vainas a recargar son de metal, solo se le coloca un taco, procediendo a untar el pegamento con un pincel casero, construido de los pelos de la crin de un caballo, ya que no hay ninguno a la venta.

Como pegamento, puede utilizarse la parafina o la cera, pero el silicato* es lo más eficaz. Cuando las vainas son de cartón o plástico, el cierre se efectúa con un rebordeador, aunque este sistema de tapa, ocasiona un desgaste muy rápido de las mismas. Por tal motivo, se prefería usar vainas de metal.

En este detallado escrito, dirigido mayormente al lector aficionado a la cacería, el autor ha querido dar a grandes rasgos, una pequeña muestra, de los peligros que enfrentan los cazadores cubanos, para poder practicar su deporte favorito.

También se exponen a riesgos de otro tipo, ya que en muchas ocasiones, la policía ha detenido e interrogado al cazador accidentado, haciendo innumerables redadas y llevando a muchos a la prisión. Estos son sancionados por los tribunales con años de cárcel, por la compra y venta de la pólvora substraída de las unidades militares.

Miles se exponen a diario a estas dificultades, causadas por las incontables restricciones impuestas por el gobierno comunista y dictatorial del país.

En honor a la verdad, los turistas que visitan la Isla, al igual que la élite del gobierno, que gustan de la práctica de la cacería, no tienen que pasar necesidad para adquirir los cartuchos de fábrica, y mucho menos arriesgar su salud. La cuota de cartuchos de fábrica que el gobierno cubano, vende a los cazadores bajo estrictas medidas de seguridad, oscilan entre seis y cincuenta cartuchos por año.

El anterior relato, recoge todo lo acontecido en este deporte desde el año 1970 al 1992, o sea en los veintidós años que el Autor de este libro practicó este deporte en su patria.

Gracias a Dios primero, y a sus estrictas medidas de precaución, nunca tuvo que lamentar accidente, por trabajar, elaborar y montar miles de cartuchos de escopeta. A pesar de conseguir en ocasiones estos componentes sin costo, y en otras haberlos comprado, jamás se vio envuelto en problemas de esta índole, con las autoridades comunistas de la Isla. Incluyendo también el factor suerte.

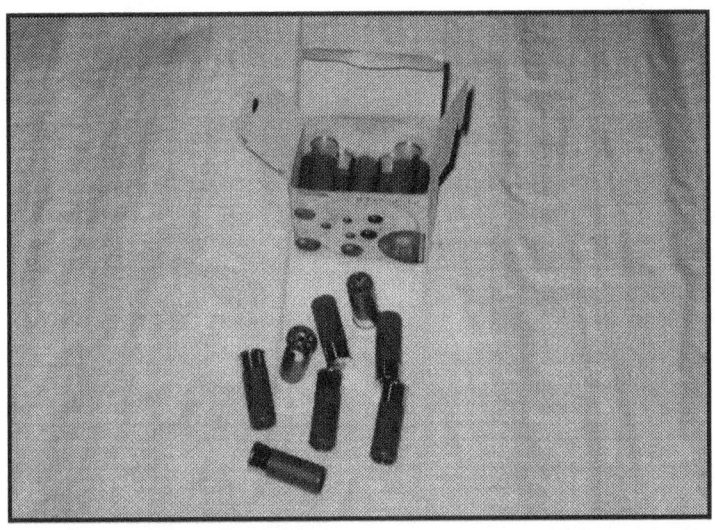

Cartuchos fabricados en Cuba para la elite del gobierno y los
turistas, que los adquieren por dólares.

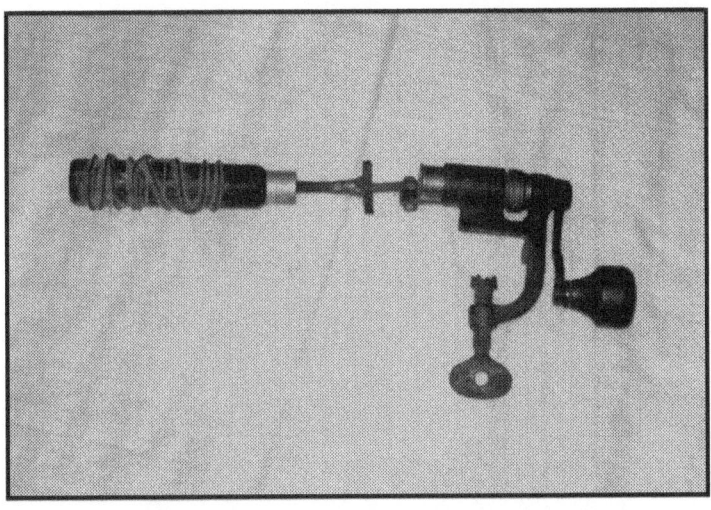

Rebordeador de fábrica, algo deteriorado de la década de 1940.

Siempre Fiel.   *Domingo M. Perera:.*

EN VIVO Y EN DIRECTO

Nunca pude imaginar que mi Maestro, unas veces solo y otras en compañía de algunos de sus amigos cazadores, dedicara tanto tiempo en sus horas de descanso, a la preparación, adaptación, y otras veces fabricación, de los materiales para el montaje de los cartuchos utilizados en ese deporte, sin dejar de mencionar los peligros a que se exponía.

Las primeras cacerías de codornices a las que fui, se desarrollaron bajo cierta tensión, ya que la Guardia Forestal, limitaba al cazador a cobrar solo tres codornices el sábado y tres el domingo. Y de lunes a viernes estaba totalmente prohibido practicar el deporte.

Toda persona con ideas correctas sobre el entrenamiento de perros, sabe que el animal no adquiere el conocimiento necesario mostrando y cobrando sólo tres codornices, durante una cacería. Sin embargo, se sabe que muchos cazadores integrados al llamado proceso revolucionario, aniquilan con total impunidad decenas de aves, incluso desde vehículos en marcha.

En cuanto Lucy aprendió a subir y bajar la escalera de la casa, el Maestro le construyó una nueva a la altura de su carro de paseo, y una jaula que colocó en el techo del vehículo. En poco tiempo ella aprendió a utilizar esta escalera, e introducirse en dicha jaula

Por orden del Maestro Lucy sale de la jaula y baja al llegar
a un área de caza.

Lucy sube a la jaula, al regreso de una cacería.

Lucy, esperando que le cierren la puerta de entrada.

Llegada de varios cazadores a la presa de Arcos de Canasí,
aparecen de izquierda a derecha. Luis, Arsenio
(veneno), Sampayo, Víctor, Carlos Jr.

cada vez que iban de cacería. Esta casa de transporte, también le permitía observar el paisaje desde lo alto, y tomar el fresco de los campos cubanos. En varias ocasiones, su dueño la llevó con sus amigos, pero la Siempre Fiel no había olvidado el error, cuando meses atrás le disparó al bando de codornices, que ella inteligentemente había marcado.

Todos los presentes, se asombraban al verla rastrear el campo y olfatear el aire en busca del olor peculiar que emana de estas aves. Al encontrarlas, asumía la posición perfecta de muestra, levantando una de sus patas delanteras, su cola tiesa y semi-arqueada como alambre de acero, y con el ligero temblor muscular tan característico en esta raza de perros. El Maestro con la escopeta lista para disparar, pasaba por su lado y ya al frente comenzaba hacer ruido en la hierba con sus pies, para realizar el levante de las codornices ocultas en los pequeños arbustos. En ese momento, la tensión entre las tres partes, cazador, perro y aves es bien palpable.

El nerviosismo y el silencio se rompían, cuando las mismas levantaban el vuelo mezclándose con los disparos de las escopetas. Sin poderse contener, Lucy salía como una saeta en busca de la presa caída a tierra. Con sumo cuidado, cobraba la primera codorniz en la hierba y la entregaba a su amo, después de sentarse; si alguno de los otros cazadores le decía que había tumbado una o más, Lucy iba en su busca, pero sólo la entregaba a su dueño: El Maestro utilizó varios métodos para tratar de quitarle la manía de salir, al producirse el disparo.

En cierta ocasión, fue de cacería en compañía

de su esposa y un tío. Esta vez el deporte a practicar
no eran las codornices, sino patos migratorios, que
habían en una presa no lejos de su pueblo, al llegar a la
orilla de la misma, se encontró a otros amigos, que lo
invitaron a tirar desde un bote que habían llevado,
aprovechando la oportunidad que le brindaban, dejó en
la orilla a su esposa, el tío y Lucy. Con el tiroteo desde
el pequeño barquito, los patos comenzaron a volar en
distintas direcciones, por lo que el tío, escondido entre
los arbustos tumbó dos de ellos en pleno vuelo. Pipí
como le decían todos, con cierto nerviosismo le gritaba
desesperadamente a la Siempre Fiel, que estaba sentada a su lado.

— Lucy, anda entra al agua y tráeme los patos.

Ella se mantenía con la mirada fija en las aves,
que flotaban encima del agua, pero no se movía.

— Pero Lucy, dale mijita' tráeme los patos.

Lucy ni lo miraba, continuaba con la vista fija y
sin moverse.

— Caballero… mira que esto es grande, mi
sobrino dice que esta perra cobra lo mismo en el agua,
que pájaros perdidos entre la hierba, pero yo creo que
es cuento, o se quedó sorda de cañón con el aire del
viaje… o no sé qué le ha pasado. A mi no hay quien
me fastidie, pero esta cabrona no es buena… a nada.

El tío Pipí, protestaba de forma enérgica, se
había quedado en compañía de ella en la cacería, pero
jamás había tenido un perro de esta raza, no desma-
yaba, tratando que el animalito le cobrara los patos,
que el movimiento de un pequeño oleaje comenzaba a
llevarse lejos. Recogía piedras del suelo, y las lanzaba al agua en dirección a los patos, tratando de llamarle

Lucy, espera la orden para cobrar el pato.

Recibida la misma, nada en busca de la pieza. Obsérvese que era tan buena nadadora, que nunca chapoteaba en el agua.

la atención.

A tanto escándalo y gritería, llegó Villy, que aguardaba dentro del auto, ya a su lado y sonriendo le preguntó.

— ¿Qué pasó tío? ¿Por qué grita tanto?

— Nada que ya me duele la crisma, de pedir, decir, y gritarle a Lucy que traiga los patos que he tumbado y me los lleva la corriente. Y mírala ahí no se mueve para nadie, para mi se quedó sorda.

— ¿Usted cree tío?

— ¡Qué si lo creo! —respondió, dejando escapar un silbido al tiempo que gesticulaba de varias formas,— mírala tu misma, ahí está sentada muy cómoda... como si estuviese de vacaciones, y yo... yo sufriendo y casi llorando al ver como el oleaje me lleva la carne.

Villy, que imaginaba el por qué ella no cobraba los patos se acercó y le dijo:

— Lucy.

Ella, miró a su fiel defensora y a quien en muchas ocasiones le daba la comida con mucho amor, y dedicándole tiempo a jugar a escondidas del Maestro.

— Lucy, cobra.

Al reconocer la orden de mando y observar el brazo extendido, salió como un cohete lanzándose al agua y cobrando uno a uno los patos que el tío había tumbado, pero todos fueron entregados como trofeos a Villy, ninguno al tío, que medio refunfuñón protestaba; aunque su semblante cambió por completo al tener las dos aves colgando de su percha.

Siempre Fiel.   *Domingo M. Perera:.*

LOS NUEVOS INQUILINOS

En los meses venideros cuando Lucy comenzó a dar muestras de celo, su dueño habló con Chavito, dueño de un perro pointer, que estaba muy bien entrenado y era un excelente cazador. Este pointer llamado King, era famoso en todo el municipio de Jaruco, perteneciente a la provincia de la Habana, por haber ganado numerosas competencias en la codorniz, sobresaliendo en la modalidad de muestra, cobro y obediencia.

El apareamiento con Lucy se pudo realizar, y de esa unión nacieron once cachorros legítimos de cacería, con un por ciento mayor de pointer y algo menor de bretón. Sobrevivieron a este parto diez, a pesar de que ella sólo podía amamantar nueve. La alimentación de aquellas diez bocas, se hizo con sacrificio y no fue tarea fácil. En total regalaron ocho cachorros, quedándose con una pareja. A la hembra le puso el nombre de Bella, inspirado en la novela brasilera "Doña Bella" que la televisión cubana trasmitía en aquel tiempo, y al macho lo nombró Toqui, en recuerdo al muñequito ecuatoriano, también de un programa televisivo. Su plan era entrenar a uno de los dos, para llevarlo a las competencias municipales y que no saliera al disparo, en busca de la presa.

Bella y su hermano Toqui, comenzaron a recibir las primeras lecciones de obediencia. Al tener conocimiento de los dos cachorros, un amigo de la infancia de apodo Sampayo, comenzó a visitarlo con frecuencia, interesado en ella hasta que un día y con autorización y unas mil recomendaciones, se llevó a

En fila aparecen de izquierda a derecha,
Bella, La Siempre Fiel y Toqui.

Villy, acaricia a Bella y Toqui, mientras Lucy la observa.

Luis el cazador, con Toqui, Bella y Duque, hijos de Lucy.

Lucy baja la escalera, le observan su hijo Toqui y la perrita jutiera Mirringuita. Sentada de espaldas la fallecida mamá del Maestro.

Bella para su casa.

Entonces, Toqui fue el seleccionado para ser entrenado y participar en las competencias de muestra y cobro de la codorniz. Como sucede a veces con algunos seres humanos, el Toqui adquirió un tamaño excepcional, buen porte y figura como perro de caza, pero de escasa inteligencia, muy a pesar de su dueño que lo entrenaba constantemente. La obediencia de Toqui se podía considerar aceptable, aunque era algo lento. Durante la cacería, olfateaba la hierba y el aire con elegancia, y debido a su tamaño se extendía en el campo a gran distancia sin miedo, dejando al dueño atrás unos cien metros. Al encontrar el rastro de las codornices, las perseguía con cautela y cuando estaba bien cerca hacía la muestra muy bien, no espantaba al bando, y sus músculos no temblaban como sucedía con Lucy. El Toqui se mantenía tranquilo, cuando el Maestro pasaba por su lado y hacía el levante del bando de codornices moviendo la hierba con sus pies y cuando efectuaba uno o más disparos tampoco se movía, solamente giraba su cabeza para saber por donde había caído la presa. Todo el tiempo se mantenía estático, en espera de la orden para cobrar. Salía corriendo en cuanto escuchaba la voz de mando:

— Cobra, Toqui.

Sólo entonces, buscaba la codorniz en cualquier parte que hubiese caído o estuviese oculta. Al llegar al ave, le colocaba una de sus grandes patas delanteras encima y miraba detenidamente al Maestro con sus ojos negros de azabache, como diciéndole:

— *Maestro cóbrela usted que tengo la presa debajo de mi pata.*

Pero capturarla con su boca jamás, aunque los señuelos sí los cobraba. Muchos fueron los recursos utilizados, para que Toqui aprendiera a coger las codornices con su gran boca, pero todo fue inútil. Incontables fueron las veces que Toqui llegó a estar más de una hora con una muerta, amarrada en la boca para que no la botara sin resultado positivo. A los 18 meses, Toqui fue entregado a Arturo Cárdenas, residente del pueblo habanero de Casiguas, para tratar que lo enseñara a cobrar. A pesar de su experiencia entrenando perros de cacería, el señor Cárdenas tampoco pudo lograrlo. Debo reconocer que el Toqui fue un perro muy noble, pero modorro.*

En cambio su hermana Bella, fue muy inteligente, su dueño la enseñó y cuidó con esmero. En los años siguientes participó en varias competencias, entre ellas, la del municipio de Jaruco, la competencia zonal provincial en el municipio de Mantua en Pinar del Río; y junto con su medio hermano Toby, hijo de Lucy de otro parto representando a la ciudad de La Habana, en la competencia nacional de muestra y cobro de la codorniz, celebrado en la ciudad de Sancti Espíritus en Villa Clara.

En todas las competencias en las que Bella participó, obtuvo el primer o segundo lugar.

Año 1984

El Maestro con Bella, la Siempre Fiel y Toqui.

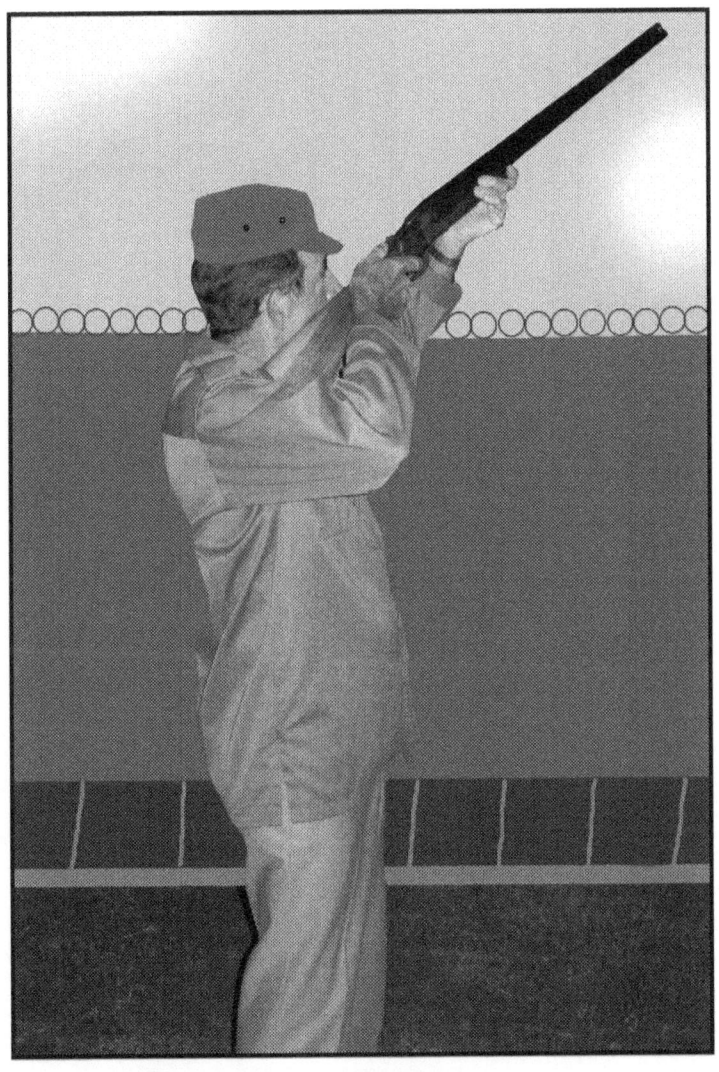

Sampayo, amigo inseparable y dueño de Bella.

Siempre Fiel.   *Domingo M. Perera:.*

BELLA, POR SIEMPRE BELLA.

Durante sus años de vida, y en el transcurso de los días y las noches que la madre naturaleza le brindó la oportunidad de vivir en este mundo, Bella, por siempre Bella, fue ejemplo de obediencia, respeto, inteligencia y cariño. Todos los que la conocieron fueron testigos de su conducta, reafirmando que fue el espejo de sus padres, Lucy y King. Llegó a sobresalir por encima de ellos en porte y aspecto, rasgos que fueron reconocidos en la ciudad de Mantua, provincia de Pinar del Río, en la competencia zonal provincial. Además de obtener el primer lugar en la modalidad de buen futuro, recibió la medalla de "Mejor Figura Morfológica". Su entrenador Sampayo, participó con ella en varias competencias en su propio municipio de Jaruco, junto a su medio hermano por parte de madre de nombre Toby, representó a la ciudad de La Habana en la competencia nacional de muestra y cobro de la codorniz, celebrado en la ciudad de Sancti Espíritus en Villa Clara en el mes de marzo de 1991. En las competencias que Bella participó obtuvo el primer o segundo lugar, a pesar que la búsqueda de codornices por los perros en los campos, es a suerte y verdad.

En infinitas ocasiones, Sampayo le dedicó horas de su tiempo libre, para demostrarle a los incrédulos y curiosos la obediencia y buen olfato de Bella. Esta y su medio hermano Toby, así como su madre Lucy, estaban considerados profesionales en buscar y encontrar objetos escondidos por sus amos, donde quiera que estos estuviesen ocultos, tanto en horas del día como de la noche.

Sampayo con Bella y la nueva cría. El marcado con la flecha
es London, que años después fue campeón en las
modalidades de muestra y cobro.

Gracias a su buen olfato siempre los hallaban, ya fuera un reloj de pulsera, un pequeño anillo, un llavero, un carnet de identidad personal o un billete de dinero, por mencionar algunos de los objetos. Esta modalidad de búsqueda y cobro nada tenía que ver, con la búsqueda y cobro de codornices, palomas y otras aves durante el desarrollo de una cacería.

En horas de la tarde cuando terminaba su horario de trabajo, regresaba a su hogar en una pequeña moto, y Bella que conocía el ruido del vehículo a gran distancia, siempre esperaba a su amo en la parte interior del patio, muy cerca de la puerta que cerraba el largo pasillo. El saludo entre hombre y animal denotaba amor y cariño. Después de las frases y caricias del recién llegado, y los constantes movimientos de la cola, mientras zigzagueaba entre las larguiruchas y delgadas pantorrillas de Sampayo, ambos se encaminaban por el amplio pasillo hacia la terraza.

El hombre, cansado de su jornada de trabajo tomaba asiento en un viejo banco de madera, mientras con frases entrecortadas le decía:

— Bella…Tienes que alimentarte. Gracias a Dios, la chaucha de hoy está segura dentro de esta lata, pero no comerás ahí. ¿Dónde está la jícara? anda, ve y búscala para darte la comida ya… ahora mismo.

Entendiendo y actuando como una persona, siempre obediente, ella salía rápida en busca de su vasija de aluminio, normalmente debía estar situada en un lugar fijo, dentro de la elegante jaula construida especialmente para ella. Pero otros inquilinos, aunque no de la misma raza, que convivían en el mismo lugar,

Bella en muestra ante un bando de codornices, una tarde nublada.

Bella jadeante descansa después de una larga jornada de cacería.

se divertían con la jícara, lamiendo con hambruna los rezados de alimentos dejados por Bella.

Con pésima educación, llevaban el recipiente como un balón de fútbol a distintos lugares del amplio patio, fajados entre sí, demostrando con su actitud que eran animales.

La hija de la Siempre Fiel, primero buscaba la jícara en su casita de muñecas, al no encontrarla olfateaba el aire buscando afanosamente por los rincones del patio, debajo de los frondosos árboles frutales, sembrados de antaño por el viejo y bueno de Miguel, fiel defensor de Bella y padre de Sampayo, hasta que lograba encontrarla.

Con estilo y delicadeza la atrapaba a punta de dientes, y la llevaba con rapidez a cierta altura como un trofeo, llegaba hasta su amo, se sentaba y esperaba la caricia merecida, ofreciendo el envase.

Sampayo, unas veces solo y otras acompañado de algún curioso o amigo, sonreía con aquel acto de obediencia. Con la finura de una princesa, consumía todo o casi todo el alimento, y después de saborearse los labios con su lengua, miraba al dueño esperando la frase.

— Bella… guarda la jícara que los perros satos te la cogen.

Ella, mordía el borde del recipiente y lo colocaba en el interior de su jaula, luego corría y se echaba en el piso frío de mosaico rosado, al lado de su Maestro en señal de lealtad.

Muy natural y parecido a un sonámbulo, Sampayo le hablaba:

— Bueno mi perrante' me voy a duchar, que

London, hijo de Bella, nieto de la Siempre Fiel y de King,
cuando ya era campeón de muestra y cobro.

Medallas, placas y trofeo, ganados por Bella en competencias
municipales, provinciales y nacionales.

me pertenece, y necesito me busques las cutaras*.

Terminar la frase y salir disparada como bala de cañón, era tan rápido como decir y hacer algo al momento. Allá, en el interior de la habitación de su amo y debajo de la cama, descansaban las mencionadas cutaras. Con la misma elegancia y a punta de dientes era atrapada una de ellas, y llevada al lugar donde lo esperaban, pero no la entregaba hasta después de sentarse. Sampayo recibía el obsequio y devolvía las caricias de costumbre, y seguía conversando.

— Bella…tengo una sola cutara. ¿Dónde está la otra?

Con la misma rapidez que la anterior y recibiendo las dosis de caricias de su amo, entregaba el segundo pedido. A pesar que este tipo de perro, no ataca y apenas ladra, si algún individuo moraba cerca del patio de los Sampayos durante la noche, ella con fuertes y agresivos ladridos, avisaba la presencia del intruso.

En cierta ocasión, y a altas horas de la noche, Bella frustró con agresividad, el hurto que pensaban realizar unos delincuentes en el corral de cerdos y aves de la familia.

Sería interminable contar todas las anécdotas, cacerías de codornices, palomas, becacinas, patos etc.

De los dos partos que tuvo, nacieron quince cachorros legítimos, muchos de los cuales fallecieron en los primeros días y semanas por distintos motivos, principalmente las enfermedades por la falta de vacunas.

Uno de los sobrevivientes de nombre London, participó en competencias nacionales.

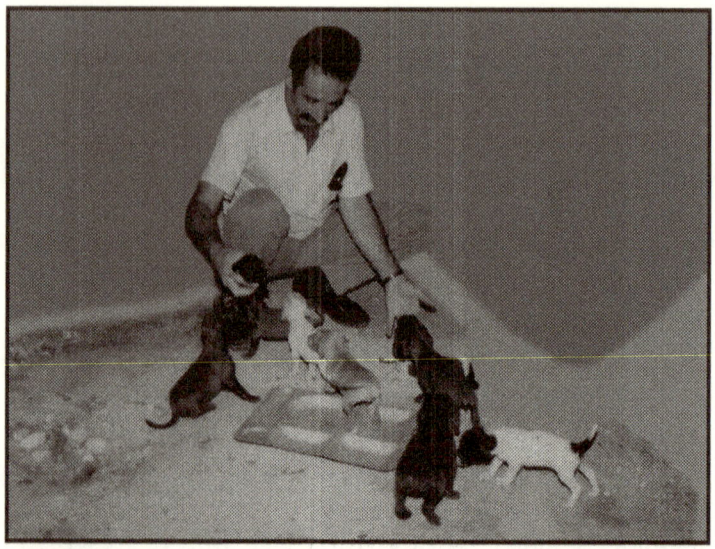

Sampayo alimenta la cría del segundo alumbramiento de Bella.

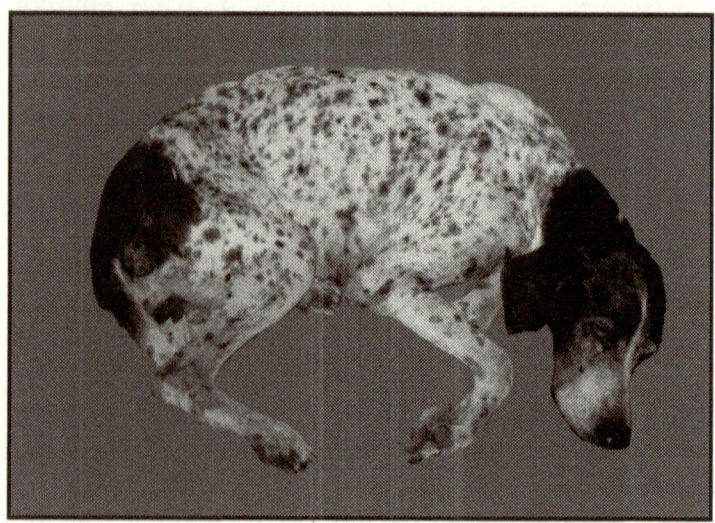

Desaparición física de Bella.

Aunque de la prole de Bella murieron a temprana edad, hoy por hoy viven en distintos lugares de nuestra Cuba, varios hijos y algunos nietos. Su fallecimiento muy cerca de cumplir los catorce años, fue una pérdida dolorosa para los Sampayos, que la tenían como un miembro más de su familia. Bella por siempre Bella, fue elegante hasta su último día de existencia en este mundo.

Vieja y enferma, un día inolvidable para la familia, aprovechando las primeras horas de la noche, recorrió varias veces el patio y el interior de la casa, terminando acostada sobre una tela que tenía en su casita, para evitar la frialdad del piso, y allí quedó dormida para siempre.

Miguel, cazador desde su infancia, padre de Sampayo y amigo del autor. Siempre fue defensor de Bella.

INTELIGENCIA, OBEDIENCIA Y LEALTAD

Durante los once años que Lucy vivió al lado de su Maestro, jamás hizo el menor intento de agredir a ninguna de las personas que visitaron la casa, o el local de la carpintería.

Al no poder utilizarla en las competencias netamente de codornices, ya que al salir con el disparo, le costaba puntos, la llevaba a distintas cacerías, como las de palomas rabiches, torcazas, becasinas, guineos, liebres, gallaretas y patos en las presas.* Con mucha rapidez, ella cobraba las piezas y se las obsequiaba a su amo. Cuando la cacería era de ese tipo, el dueño se sentaba en un banquito de madera bien oculto entre los arbustos, para no ser visto por las aves. Lucy siempre estaba a su lado, obligándolo con su hocico a rascarle constantemente sus orejas, único premio exigido por su arduo trabajo. Todas las aves tumbadas al vuelo por la hábil puntería de su dueño, eran cobradas, ya fueran dentro del agua, entre los espesos arbustos en la hierba, o entre los sembrados o cañaverales.

Al cumplirse dos años de su estancia al cuidado de la familia Perera, su inteligencia, disciplina y obediencia, estaban a la par con la de una perra profesional. Según criterio de cazadores expertos en perros de muestra y cobro de la codorniz, el buen olfato de Lucy, estaba considerado un caso excepcional, o sea de cada mil perros de muestra y cobro, sólo uno nace con esas dotes. Existen numerosos ejemplos, al igual que testigos de su habilidad para la caza.

Con frecuencia, después de casi tres horas de trabajo en el campo, y bajo el fuerte sol del mediodía,

Lucy espera la orden para subir al baúl del automóvil.

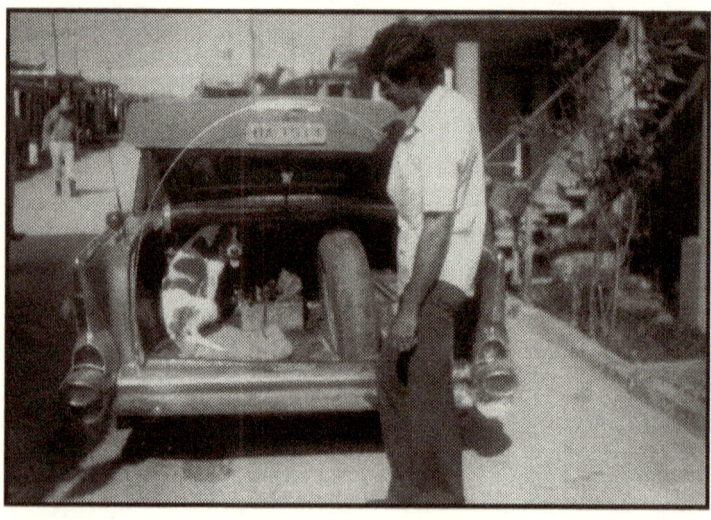

Lucy de un salto entró al baúl obedeciendo la orden del Maestro.

marcaba un bando de codornices, o dispersas en la quebrada.

En una ocasión durante una cacería en los campos detrás del poblado de "El Rubio," el Maestro estaba acompañado de unos amigos, el Chú y el Yaba. Al observar el lugar en la llanura donde ella hacía la muestra, este les dijo:

— Muchachos... no vamos a dispararle al levante, será mejor trabajar las codornices cuando se dispersen en la quebrada*.

— Buena idea —dijo el Chu.

— Estoy seguro que este bando no ha visto nunca un perro, y debe ser muy manso, —respondió basado en su experiencia.

En efecto, los tres cazadores se acercaron, ella muy tensa no se movió, era la señal que tenía al bando bajo su total control, y no se le habían corrido por debajo de la hierba como suele suceder en muchos casos; especialmente cuando han recibido muchos disparos. Con un movimiento de la mano, les hizo saber a sus amigos que pasaría al frente para realizar el levante. Como había expresado con antelación, las codornices volaron, pero hicieron la quebrada muy cerca, a unos cincuenta metros de distancia. Lucy hizo un ademán por salir, pero se paró cuando escuchó la voz entre dientes:

— Quieta... Lucy.

Su movimiento de salida no sobrepasó los seis pies, lo cual ayudó a frenar su intrépida carrera, y como no hubo disparos no había piezas que cobrar.

— ¿Qué haremos ahora? —preguntó el Yaba.

— Trabajaremos ese bando en la quebrada, verás como ella se desenvuelve buscando y mostrándolas.

— Sí, pero se tiraron en la pangola* muy distantes unas de otras, —respondió el Yaba medio desilusionado.

— Eso es lo mejor que ha sucedido. ¡Lucy, busca delante!

No había brisa, y el calor era sofocante en la cercana hora del mediodía, ella con precaución corrió por encima de la pangola sin dificultad, mientras los cazadores la seguían varios metros detrás, se detuvo y olfateaba el aire, el dueño que trataba de caminar sobre aquella hierba, se cayó enredado en los bejucos, como en tantas otras ocasiones.

— ¿Pero qué té pasa? —preguntó el Chu, en forma burlona. Deja no me respondas, ya se que me vas a decir. —Nada compadre que nosotros los cuarentiños,* con las patitas jorobadas de fábrica, y esta pangola enrredada, tenemos que coger el suelo de todas manera.

El Maestro no respondió la jarana de su amigo, pero al levantarse de la inesperada caída, pronunció varias palabras obscenas, que se escucharon a gran distancia, ofendiendo en grado superlativo, el alimento de las vacas cubanas, ausentes de todos aquellos contornos por sus continuas muertes debido a los cruces de razas, y la falta de nutrientes.

— ¿Te diste algún golpe? —le preguntó el Yaba.

— No, me enredé y de qué manera. Miren allá —les indicó con su brazo izquierdo. —Lucy está en muestra, encontró la primera codorniz.

El Yaba, hijo del Chu.

El Chu amigo de la infancia del autor.

El muchacho, de apenas quince años estaba asombrado de ver a Lucy trabajar con las codornices, desde horas tempranas de la mañana.

— Rápido, vamos a acercarnos. Cuidado Chu con las caídas y la escopeta, no se te vaya a disparar y y nos claves un cartuchazo por cualquier parte.

— No hay problema, la tengo apuntando al cielo. Quizás no tumbaré codornices al vuelo, pero al sol o a la luna, a ellos sí que no fallaré.

En poco tiempo los tres se encontraban a unos pasos detrás de ella, que se mantenía inerte como una roca, totalmente en muestra, su patita derecha en alto, recogida en forma de arco con su cola semiarqueada, se encontraba en la posición perfecta. No había duda, estaban ahí.

Como siempre, el preguntó:

— ¿Qué pasa Lucy, las tienes ahí?

El Chu y el Yaba observaban en silencio, como también el silencio fue la respuesta a aquella pregunta de su Maestro. Quizás padre e hijo pensaron que era de esperarse, pues ¿cómo? podría Lucy entender el lenguaje de los seres humanos, por mucha fama e inteligencia que tuviese. Ahora bien, lo que desconocían ellos, que si las codornices se hubiesen alejado por debajo de la espesa hierba del lugar donde estaba en muestra, ella no se movería de ahí hasta que su amo se le acercara, e hiciera la anterior pregunta.

Este volvió a preguntar.

— ¿Qué pasa Lucy, las tienes ahí?

Al escuchar que el instructor insistía, hizo un giro de su cabeza hacia atrás de forma muy lenta y lo miró con detenimiento, segundos después volvió a la posición anterior. Sus amigos le observaban.

— Voy a realizar el levante, las tiene ahí mismo —dijo, en voz baja.

— Seguro que es una sola— dijo el Chu — tírale tú porque yo al vuelo, no le doy ni a una calabaza cochinera.

Este no respondió, caminó dos pasos adelante, la codorniz escondida levantó el vuelo hacia la derecha, lugar donde se encontraba un profundo cañadón,* por donde corría un riachuelo cubierto de espeso follaje y palmas. El inesperado levante hacia la derecha, tomó al cazador de sorpresa, pues nunca se imaginó que volaría hacia ese lugar. El disparo de la Winchester, se escuchó a varios cientos de metros. La codorniz se tambaleó en el aire, al recibir en su cuerpo el impacto de una o más municiones; pero no cayó sobre la hierba, continuó su vuelo planeando hasta desaparecer entre los arbustos del profundo cañadón.

— Yo creo que fallaste el disparo, —le dijo el Chu.

— No, yo estoy seguro que le di, pero no cayó. Quiero decirte que esa no se salva, alguna munición le dio en el cuerpo y ahora metida en ese hueco profundo, es posible que la perdamos.

— Perderla..., esa no se le escapa a Lucy — dijo el Yaba con mucha seguridad.

Ella con su defecto sólo para las competencias, ya había emprendido una carrera, al ver que la codorniz herida caía en el tupido follaje. Por una abertura de la maleza se introdujo hacia la profundidad en busca de la presa.

Transcurrieron dos o tres minutos de espera,

hasta que al fin apareció, varios metros a la izquierda por donde había entrado momentos antes. En su boca bien aprisionada, se encontraba la codorniz muerta. Lucy, realizó una parada a la salida del lugar y buscó con la vista a sus compañeros de cacería, los cuales al verla con el trofeo sujeto en sus dientes dieron exclamaciones de júbilo y elogiaron su buen trabajo.

Sólo unas decenas de metros, la separaban de sus amigos, fatigada por el abundante calor y la poca brisa, emprendió el regreso por encima de la hierba. De pronto quedó como petrificada, con la vista fija en un determinado lugar de la pangola, no le dio tiempo a levantar su patita, y su cola ya estaba semiarqueada.

— ¿Qué le pasa a Lucy? —preguntó el muchacho con ingenuidad.

— Yaba —dijo en voz baja el dueño, —aunque no lo creas, y ya tenga una codorniz en la boca, ella está en muestra de nuevo, de otra ave que está escondida ahí, a su frente.

— Pero no tiene la patita levantada —respondió el muchacho.

— La cogió el olor de sorpresa, todo fue muy rápido. No hagan mucho ruido, vamos hasta allí a ver qué sucede.

Los tres tensos y algo nerviosos, caminaron despacio hacia el lugar donde se mantenía en la misma posición. El Maestro se acercó a ella por la parte de atrás, mientras sus amigos se mantenían a mas distancia. Cuando estuvo cerca, y listo para disparar su arma, le preguntó en voz baja:

— ¿Qué pasa Lucy, la tienes ahí?

La Siempre Fiel, no hizo ningún movimiento

era la señal que aquella codorniz se encontraba escondida entre la hierba muy cerca de ella, entonces colocó su escopeta encima de la pangola, se agachó estirando la mano izquierda hacia su boca, diciéndole cerca de una de sus grandes orejas:

— Dame Lucy.

Ella tenía bien sujeta la codorniz anterior entre sus dientes, y tuvo que insistirle.

— Dame Lucy.

Esta obedeció sin moverse, se retiró de su lado, colgó el ave en la percha y mirando a sus amigos les dijo:

— Esto no lo va a creer nadie. No tenemos una puñetera cámara de foto, y mucho menos de video. Bueno... ¿y qué carajo hay en este país?

— Chu, voy a hacer el levante, tírale esta vez.

— Estas loco, ¿para qué? Con el nerviosismo que tengo, no le doy ni a un elefante con las patas amarradas. Asegúrala tú... mira que la carne está escasa y esa codorniz vale por cinco.

— Bueno, entrégale la escopeta al Yaba, estoy seguro que él sí le tira, —le respondió.

— Yo si que le meto el tiro aunque no le dé, el problema mío es tirar el simbombazo' —dijo el muchacho, deseoso de apretar el gatillo de la escopeta de su padre.

— No señor, —replicó el Chu en enérgica protesta, este tiene que ser un disparo especial y bien asegurado. De nada vale hacer la historia a todo el mundo y tener que decir "se escapó la codorniz." No... y espera, eso es sin contar qué diría Lucy de nosotros si hablara. Pues no señor, que tire Domy.

El Chu, que hablaba con toda la razón del mundo, no se había percatado que el volumen de sus palabras iban en aumento, mientras su hijo lo observaba deseoso de apretar el gatillo de la escopeta, pero no le dio tiempo. La asustadiza avecilla emprendió el vuelo, y muy rápido el Maestro levantó su Winchester siguiéndole la trayectoria, fracciones de segundos y se escuchó el disparo. El ave cayó muerta al palo,* unos metros antes de llegar al profundo cañadón, mientras Lucy emprendía una nueva carrera, cobrándola inmediatamente y entregándola a su amo, a pesar de los pedidos que le hacían el Yaba y su padre. Allí, sobre la enredadita pangola quedaron plasmadas las caricias que le ofrecieron todos a Lucy.

Momentos después, ella en unión inquebrantable con su dueño y los dos amigos, regresaban cansados y contentos a sus respectivos hogares, haciendo durante el recorrido de regreso, un recuento de todo lo acontecido aquella mañana.

OTRA VEZ FLORECIÓ EL AMOR "El TOBY"

Llegó la primavera y las aves dejaron de andar en bandadas, para unirse en parejas a procrear sus nuevas generaciones. También comenzaba la veda, y Lucy obedeciendo los mandatos de la naturaleza, cayó en celo. Esta vez su dueño, algo más experimentado en la enseñanza y cruce de perros, consiguió a Lacy hijo de King para el apareamiento de su Siempre Fiel. El dueño de este legítimo pointer, era un cazador del pueblo de Jaruco, de apellido Matías. Por su figura, Lacy era el prototipo perfecto del perro cazador, su tamaño duplicaba el de Lucy a pesar de que era un año menor que ella, y tenía sus músculos bien formados por el ejercicio. Sus grandes orejas, su cola fina, y el huesillo del centro de la cabeza sobresaliente en gran proporción, le daban un porte admirado por todos los que conocían de perros de clase.

Su enseñanza fue muy limitada, pues Matías había fallecido cuando Lacy apenas había llegado a su poder, y el que lo tenía a su cuidado no se había dedicado a enseñarlo.

De aquel apareamiento nacieron ocho cachorros, lográndose sólo siete. En los días sucesivos al segundo alumbramiento, la escasez de alimentos obligó a tener que repartir seis de los cachorros, y quedarse con un macho, al cual nombró Toby. Desde el primer día de su nacimiento, se destacaba entre sus hermanos como el más intranquilo y el más glotón, a pesar de haber sido el último en nacer, era el mas grande de todos, los desplazaba con gran facilidad a la hora de amamantarse, o cuando le servían alimentos en colec-

Alfonso el cazador, con una hija de Lucy y King.

Chavito, amigo de cacería y dueño de King, con Diana
una hija de la Siempre Fiel.

tivo. Su color de pelo, era de un blanco reluciente con grandes pintas negras como el azabache.

A los nueve días abrió los ojos, y a los veinte cobraba un pequeño señuelo con sus respectivas puntillas afiladas para que no lo mordiera, especialmente fabricado para él con las plumas de una codorniz.

Durante el desarrollo del aprendizaje, Toby demostraba una inteligencia sin límites y una gran obediencia.

Poco a poco, su intranquilidad fue desapareciendo, y a menos de dos meses de nacido cobraba pequeños pedacitos de madera, que su dueño le lanzaba a ocho o diez pies de distancia en una charca, no lejos de la casa.

Para que Villy creyera aquel nuevo acontecimiento, tuvo que presenciarlo. La historia contada por su esposo casi parecía una fantasía. Muy pronto pudo aplicar al Toby todas las lecciones que había utilizado con Lucy; aunque la escopeta estaba presente durante sus primeras muestras en el campo, jamás fue disparada, por lo que Toby nunca salió como un bólido detrás de las aves, cuando estas emprendían el vuelo.

Después de realizar varias de estas salidas, llegó el ansiado día de disparar el arma. La mañana era fresca y aún quedaba rocío sobre la hierba. El Toby y su entrenador llegaron a un llano cerca del pueblo "El Rubio," donde había varios bandos de codornices. No tuvieron que avanzar mucho por la espesa hierba, para que el nuevo alumno hiciera la primera muestra con estilo. A sólo siete meses de nacido, sobrepasaba a su madre en tamaño, a pesar de

Toby al igual que Lucy, también aprendió el trabajo de
mensajero.

que ella siendo hembra no era pequeña. Como en otras tantas veces quedó inmóvil, con una de sus patas delanteras en alto, arqueada a la altura de la rodilla sin mover un músculo, y su cola muy tiesa apuntando al cielo.

El Maestro caminó despacio por su lado, tratando de pasar al frente, al mismo tiempo que le decía en voz baja:

— Quieto, Toby.

El obediente animal, quedó en el mismo lugar sin hacer movimiento alguno. El instructor era una madeja de nervios, con el arma en ristre y pensando que su destacado alumno pudiera salir al efectuarse el disparo.

Era además su primera vez. Si el ave caía alcanzada por las municiones era posible que Toby, en gesto de obediencia, o quizás nervioso podría salir corriendo en busca de la presa para ofrecerla a su dueño, por lo que este maldijo mentalmente el estar solo en aquellas circunstancias.

De haber estado presente alguno de sus amigos, al menos hubieran podido ayudarlo a frenar la inesperada salida, la cual ya daba por hecha, sólo había avanzado unos tres pies delante de Toby y de repente se paró, miró hacia atrás y observó al hijo de su Siempre Fiel, al mismo tiempo que le decía entre dientes y con más autoridad que nunca:

— Quieto, Toby.

El animal desvío su cabeza unos grados del lugar donde seguramente se encontraban las codornices, y miró a su dueño durante varios segundos.

Por tercera vez repitió la frase.

— Quieto, Toby.

El animal se mantuvo estático, mirando fijamente a su instructor y sus negrísimos ojos parecían decirle:

— ***Pero Maestro no me ve, estoy más quieto que una estaca enterrada en la tierra.***

El Toby volvió a girar su cabeza a la posición anterior, escuchaba los "chui", "chui" bajísimos que emitían las asustadizas aves, y percibía con su fino olfato el olor peculiar de las mismas. Aún tenso, el caminó unos pasos por la enredada pangola, y de pronto el ruido del batir de las alas rompió el silencio de la mañana. La Winchester, se hizo escuchar con un fuerte estruendo, y el ave alcanzada por las municiones se estremeció en el aire, cayendo muerta al palo. Este miró rápidamente hacia atrás, y observó al alumno que se mantenía firme en el mismo lugar, pero con la vista fija hacia el área donde había caído la presa. Mientras esto sucedía, una veintena de codornices asustadas por el disparo, habían hecho la quebrada a unos trescientos pies de distancia, escondiéndose entre el tupido follaje de un campo cercado con alambres eléctricos de bajo voltaje.

Al observar que Toby se mantenía inmóvil, el cazador tuvo deseos de acariciarlo, pero se contuvo, le faltaba otra tarea por hacer. Lo miró por unos instantes en silencio, hasta que con voz firme le dijo:

— Cobra, Toby.

Este obedeció la orden y capturó la presa muy rápido, favorecido por su tamaño, de retorno llegó con ella hasta su dueño, que lo recibió con otro mandato.

— Dame, Toby.

Al escuchar la orden, el alumno se sentó en sus patas y le obsequió la codorniz, Este colgó el ave en la percha y seguidamente le acarició las orejas con mucho cariño, mientras le decía.

— Muy buen trabajo Toby.

Ambos se trasladaron al lugar donde las avecillas habían hecho la quebrada, y de nuevo marcó a doce de la veintena escondidas en la hierba, pero sólo pudo cobrar siete.

El Maestro falló el disparo a cinco aves en pleno vuelo, debido al nerviosismo de verlo trabajar. Aunque tuvo varias oportunidades, prefirió no volver a disparar para no descontrolar a su alumno.

No obstante, el entrenador se encontraba feliz y contento, el hijo de su Siempre Fiel Lucy, había asimilado muy bien las lecciones impartidas por él días y meses atrás. En ningún momento, mientras marcaba las codornices en la hierba gracias a su buen olfato, hizo el menor intento de salir corriendo a buscar la presa al sonar el disparo. Siempre esperaba la orden para cobrar, y cuando se le daba la segunda voz de mando, se sentaba para entregarla. A pesar de su joven edad, esa mañana el Toby hizo extraordinarios trabajos de muestra y cobro, iniciando su fama de buen cazador.

A los ocho meses de nacido, participó en la competencia municipal de obediencia y muestra de la codorniz, que se efectuó en las afueras de la ciudad de Jaruco, provincia de la Habana. Debido a su edad, compitió en la categoría de "Buen Futuro", ganando el primer lugar por un amplio margen. El segundo lugar

Por una orden, Toby hizo una parada a mitad de la escalera.

lo obtuvo Estrella, su hermana del mismo parto, pro-
piedad del cazador Reinaldo Brito, conocido por sus
amistades como Nardo. En esa misma competencia,
Lucy la madre de ambos, obtuvo el primer lugar en la
categoría municipal de "Gran Campeón".

Los tres fueron seleccionados para participar al
mes siguiente en la competencia interprovincial de
obediencia, muestra y cobro de la codorniz, celebrada
en el pueblo occidental de Mantua, en la provincia de
Pinar del Río. En esa competencia, Lucy obtuvo el
segundo lugar en la categoría de "Gran Campeón".

Al no haber codornices en el campo donde
compitió Toby, tampoco hubo puntuación, por lo tanto,
los demás deportistas no dejaron que se otorgaran los
lugares en la categoría de obediencia. Finalmente,
todo quedó en manos de los organizadores del evento.

Cuando Toby cumplió su decimoprimer mes de
nacido, fue seleccionado en unión de Bella su hermana, para participar en pareja, en la competencia
nacional de obediencia, muestra y cobro, en la provincia de Sancti Espíritus, antigua provincia de Villa
Clara, donde se reunieron cazadores de nueve, de las
trece existentes en la Isla. Toby y Bella, ganaron el
segundo lugar nacional en la modalidad de muestra, y
primer lugar nacional en la modalidad de obediencia y
cobro.

Sin apenas haber cumplido su primer año de
nacido, la fama del nuevo campeón nacional, incitó a
algunos cazadores del municipio de Jaruco, a propo-
nerle al Maestro que realizara una competencia de
muestra y cobro, entre abuelo y nieto, o sea entre King
y Toby. Este se oponía por varios motivos: entre los

Premiación de la Competencia Nacional de muestra de la
codorniz. En segundo lugar Bella y Toby.

cuales estaba la gran diferencia en las edades de ambos perros. King tenía cinco años de experiencia y su historial de muy buen cazador era reconocido por muchos; estaba considerado como el mejor perro de cacería en varias millas a la redonda.

La insistencia por parte de los jaruqueños era constante, hasta que finalmente se efectuó el tope entre abuelo y nieto.

Una mañana sabatina, se aparecieron en la casa del Maestro, sus amistades de cacería, Tatín, Chavito y el famoso King. Después de un saludo amistoso, y de saborear una taza de café cubano, este les dijo:

— Esta es una pelea de "león para mono" y el mono con las manos y las patas amarradas.

— Oiga compadre, —le respondió Tatín,— este es un tope de amistad, si gana King, lo puedes considerar algo lógico, ya sabemos que la diferencia es grande, pero mi hermano, si Toby le gana a su abuelo, que clase de desprestigiada.

Los tres cazadores se dirigieron en el automóvil de Tatín a las afueras del pueblo de Caraballo, llegando minutos después a un campo conocido como la finca Oviedo, considerado el lugar ideal para una competencia por su extenso llano y la poca altura de la hierba.

— Bueno muchachos, —les dijo Tatín— ha llegado la hora cero. Aunque también voy a tirar mis tiritos, yo seré el juez de campo. Las reglas de competencia ustedes las conocen bien, son las mismas que han estado en vigor hasta ahora.

— Está bien, —respondieron los competidores.

— Los dos perros aquí frente al campo.

Premiación de la competencia Nacional de obediencia y cobro.
Toby y Bella ocupando el primer lugar, el Maestro y
Sampayo les acompañan.

El Chavito y el Maestro, llevaron a los dos contrincantes hasta el lugar indicado por el Juez de Campo, les ordenaron sentarse uno al lado del otro con una separación de tres pies. El Maestro pudo notar que mientras King estaba un poco obeso para una competencia, su nieto Toby estaba en excelente forma, además de superar en tamaño a su famoso abuelo.

— Oiga, —le dijo Chavito, que también había notado la diferencia — Toby usted lo tiene en training.

— Sí, es muy cierto, no puedes imaginar cuánto ha tenido que correr al lado de mi pequeña moto.

— Bueno muchachos, vamos a romper el hielo —les dijo Tatín, —tratemos de que los perros trabajen el campo no muy separados el uno del otro. Así que ya pueden ordenar que busquen bastantes codornices.

— Busca delante, —dijeron al unísono ambos.

Tres horas y media duró el tope bilateral, con algunos pequeños descansos, para saciar la sed y hacer algún que otro comentario, sobre el desarrollo de la competencia. Al final de la contienda amistosa, el abuelo King muy experimentado por sus años, había realizado un total de siete trabajos, y su nieto Toby un total de once. Ambos perros hicieron muy bien las muestras, al igual que en las escasas quebradas, sin tener celos uno del otro, y el juez de campo no tuvo necesidad de llamarles la atención.

Aunque decepcionados, los jaruqueños aceptaron la derrota y reconocieron los meritos de Toby, su obediencia y agilidad para desplazarse en el campo, por el centro y los flancos en busca de las codornices, además de su parada firme al sonar el disparo, también la rapidez con que cobraba las piezas.

Toby, con las medallas y trofeos ganados en la Competencia
Nacional, donde compitió con su hermana Bella.

Sentados entre el Autor y su hermano, aparecen Lucy y Toby
mostrando los trofeos y medallas ganados en competencias.

Duque, hijo de Lacy y la Siempre Fiel.

El autor de este libro en el año 1989, adaptó esta económica moto
para sus cacerías, debido a la falta de combustible por
la caía del campo socialista. Le acompañan sus
inseparables amigos, Lucy y Toby.

En su corta vida, el Toby participó en numerosas cacerías de codornices. Para demostrar su buen olfato, el entrenador le escondía pequeños objetos, tales como un anillo, un billete bien envuelto, ambos por separado eran colocados en la rama de un árbol, de forma que este parado en sus dos patas traseras lo pudiese alcanzar con sus dientes, o escondido debajo de una pequeña piedra, que pudiese empujar con el hocico, jamás dejó de encontrar lo que se le escondiera.

El olfato de Toby era tan extremadamente fino, que cuando llegaban una o más damas a la carpintería del instructor, para tratar asuntos de trabajo en la fabricación de muebles, él se levantaba del lugar donde se encontraba acostado y olía a las visitantes. Como es de suponer, este lo regañaba y el obedecía, retirándose a una distancia prudencial, pero si volvía a insistir, oliendo a una de las visitantes de nuevo, era señal que la recién llegada estaba en su ciclo menstrual. Entonces había que regañarlo con fuerza, pues la señora asustada y con cierta pena, se quejaba de la insistencia del intruso.

Toby tenía algunos vicios, que causaban sorpresa entre los familiares y amigos de la familia.

Uno en particular, era sentarse al lado de alguien que fumaba un cigarrillo, esperando que la persona botara el cabo del mismo; al principio actuaba por iniciativa propia, comiéndose el cabo, que le dejaba huellas de la candela en sus gruesos labios y el hocico. En reiteradas ocasiones los fuertes regaños lo hacían mirar el cigarrillo con respeto, y aguantar los deseos de comérselo. Después de pasado un tiempo, aprendió a apagarlos con su pata delantera izquierda, ingiriéndolo después sin dejar de hacer unas cuantas muecas, y se observaba como finalmente saboreaba la picadura. Después al encontrar los cabos de cigarrillos encendidos, los miraba con detenimiento, pero esperaba que el dueño le ordenara comérselos.

Una mañana, cuando el Maestro llevaba a su sobrina en la moto por la calle principal de su pueblo, con dirección al Circulo Infantil, Toby corría a su lado a gran velocidad, tan absorto estaba en su carrera, que no vio un camión que se acercaba. El golpe por el accidente resultó fatal, murió casi instantáneamente, su vida fue muy corta, apenas dieciséis meses, pero dejó infinidad de historias y recuerdos a su dueño. Su hermano le dio sepultura en el patio a la sombra de un árbol de guayaba.

Toby observa el cigarro encendido, en la mano del Maestro.

Entre sus patas delanteras el cigarrillo continúa encendido.

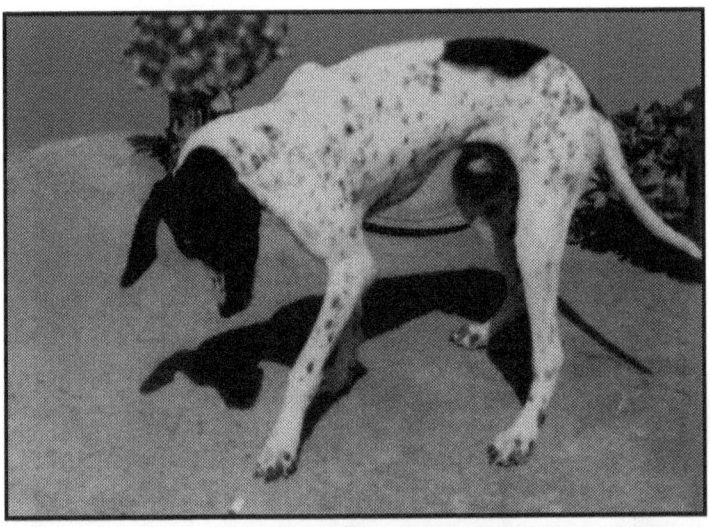

Toby comienza apagarlo con su pata delantera.

Continúa apagándolo en la misma forma.

Toby, con su lengua toca el cigarrillo para saber si está apagado.

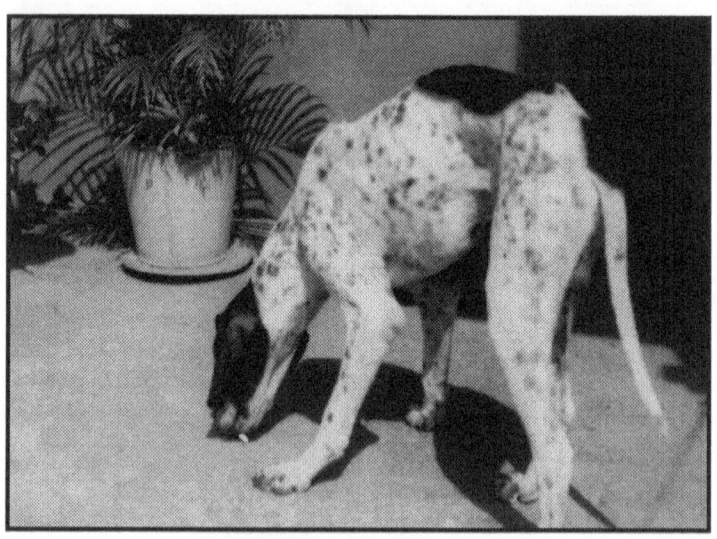

Ya apagado comienza a saborearlo.

LA SIEMPRE FIEL

Aunque la pérdida de Toby dejó huellas de dolor en el corazón de su dueño, la presencia de Lucy amainó en algo su falta. Ella nunca dejó de brindarle todas aquellas atenciones que suelen ofrecer las mascotas, para consolar al amo.

Un día normal de labor, estaba preparando un pesado madero para ponerlo en su torno eléctrico, la pieza se salió del lugar, mientras giraba a gran velocidad, y lo golpeó en el tórax y el estómago, el dolor lo hizo caer de bruces al suelo, consciente pero sin poder hablar y casi sin aire. Por casualidad, su mamá estaba en la terraza lo vio y llegó hasta él, pero nada podía hacer que no fuera ir rápida en busca de ayuda. Al ver a su dueño tirado en el suelo, Lucy se echó a su lado y con dulzura le pasaba la lengua por el antebrazo, al instante llegó su hermano, y un amigo de este al que apodaban el Coloraíto, momentos después lo acostaban en la cama, en espera de conseguir un auto para llevarlo al médico, ella entró hasta la habitación y se acostó a su lado en el piso de mosaico, colocando su cabeza encima de sus patas delanteras.

— ¿Qué hace Lucy aquí? —preguntó el Coloraíto.

— Figúrate hijo, aunque sea un animal, ella comprende que Domy no se siente bien.

Comenzaron a llegar vecinos enterados de la noticia, y la habitación resultaba pequeña para tantas personas. En un momento determinado, el muchacho llamó a Lucy para que abandonara el lugar, pero la Siempre Fiel hizo caso omiso, el joven continúo llamándole, pero todo fue en vano, entonces optó por agarrarla por sus patas y la sacó a rastras, llevándola hasta el patio, donde la dejó libre. Inmediatamente esta corrió hasta la casa, y volvió a acostarse en el piso en el mismo lugar.

Nuevamente el muchacho trató de sacarla, pero esta vez la madre del Maestro, al observar el gesto de fidelidad y amor para con su hijo le dijo:

— No... déjala ahí, ella está en el lugar correcto.

Gracias a Dios, los exámenes médicos no arrojaron fracturas internas y este pudo regresar a su casa. Al llegar, allí esperándolo estaba Lucy, que al verlo corrió a su lado, meneando su cola y esperando las acostumbradas caricias.

Durante una cacería en la presa, Lucy estuvo a punto de ser tragada de un bocado, o al menos ahogada y luego devorada por un enorme pez. Ese día inolvidable, su dueño en compañía de Sampayo y otros amigos, se fueron a la presa de Arcos de Canasí, último pueblo al nordeste de la provincia de la Habana, limítrofe con Matanzas. Sampayo que no sabía nadar, nunca quiso abordar un pequeño y peligroso bote casero, hecho de metal por el Maestro, que servía a los cazadores para tirarle a los patos y gallaretas, desde distintos lugares de la enorme presa. Sampayo se escondía entre los arbustos, en un área donde la presa tenía unos noventa pies de ancho. El lugar fue bautizado por ellos como: "El estrecho paso de los vientos"

El Autor acaricia a otra Lucy, de pintas negras nieta de la "Siempre Fiel" durante su primer viaje a Cuba. Aparecen en la foto, biznietos.

El Autor con su primo Oreste. Entre ellos de izquierda a derecha, Tigre, Lucy, (nieta) y Toby.

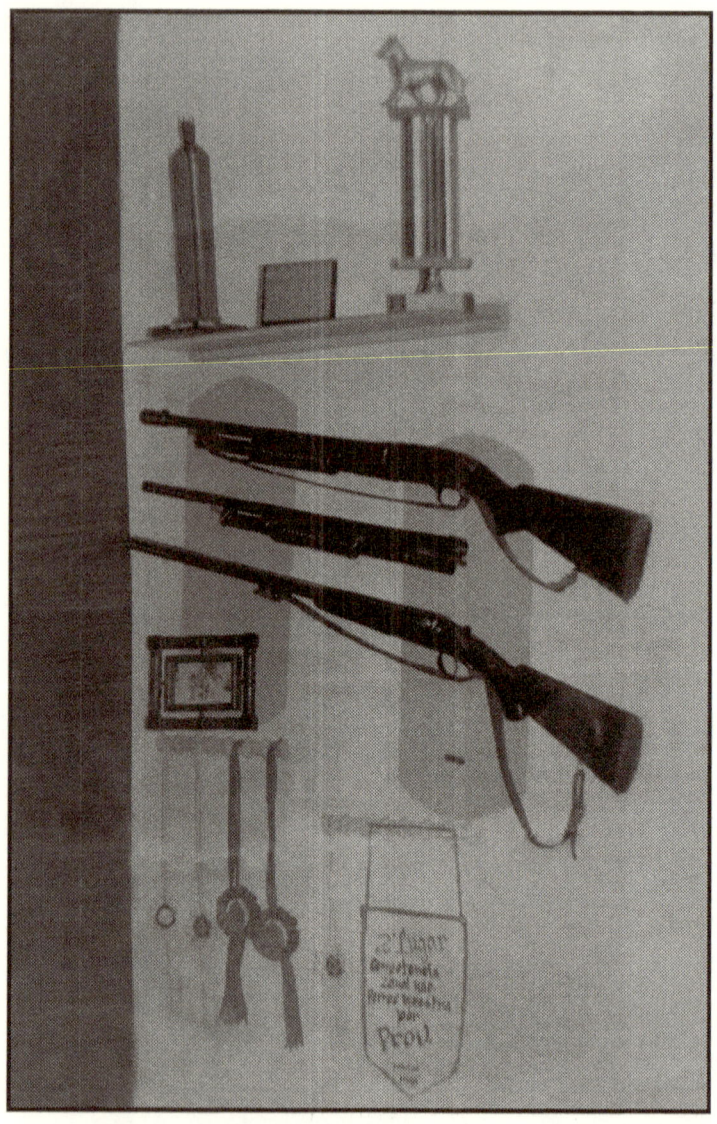

Rincón de cacería en la casa del Autor en Cuba.

desde aquel escondite, divisaba un área perfecta para el tiro al vuelo, con el único inconveniente de tener que mandar a cobrar rápido el ave que tumbaba, o se la llevaba la fuerte corriente de las negruzcas aguas.

En decenas de ocasiones, la Siempre Fiel fue compañera de caza de su amigo Sampayo en ese escondite, y obedientemente, respetaba sus órdenes, cobrando todas las aves que tumbara.

En aquella cacería, a Lucy le faltaban unos quince o veinte días para parir, ya entrada la tarde y después de haber sacado del agua más de treinta aves de distintas especies, Sampayo hizo dos disparos al vuelo y tumbó dos patos migratorios, de los considerados trofeos entre los cazadores cubanos, como siempre sin esperar la orden de cobro, se lanzó al agua, ambos estaban muertos al palo relativamente cerca de la orilla. A Lucy le faltaban unos tres pies de distancia para cobrar el primer pato, cuando de pronto de las oscuras y profundas aguas de la presa, emergió a la superficie un enorme pez que devoró al pato en un santiamén, ella sin percatarse de lo que había sucedido, comenzó a nadar en círculos, debido al remolino que hicieron las aguas por el brusco movimiento.

Sampayo, muy asustado salió corriendo de su escondite, era la primera vez que veía algo semejante, lleno de miedo, comenzó a llamarla, pero ella continuaba nadando en el mismo lugar. El cazador daba saltos y gesticulaba a más no poder, tratando de sacarla de allí, pensando que el pez podía atacarle.

Al parecer Lucy se mantenía en el lugar por el olor de la sangre mezclada con el agua, del pato muerto que ya hacia en el vientre del animal.

Pequeño bote construido de metal, navegando por la inmensa
presa de Arcos de Canasí. Aparecen Luis y el Autor.

La flecha y el cañón de la escopeta señalan una codorniz medio
oculta en la hierba, que momentos antes Lucy había marcado.

Ella, sin obedecer a su amigo, tomó rumbo hacia el otro pato, que por el movimiento de la corriente del estrecho, se alejaba cada vez más de la orilla. Sampayo al observar que Lucy hacía caso omiso a sus órdenes convertidas en suplicas, se manifestaba como enloquecido sin saber qué hacer, gobernado por el instinto de salvarla, se despojó de la camisa, sin acordarse que no sabía nadar, nuevamente la bestia emergió a la superficie y embistió al segundo pato, que también se tragó de un bocado. Ella se mantenía sin comprender, el por qué desaparecían las aves de sus narices, y sin escuchar los gritos de su amigo, continuaba buscando y nadando por los alrededores. Al fin, al cazador se le ocurrió montar dos nuevos cartuchos a su escopeta y disparar al aire, logrando así que Lucy interrumpiera su búsqueda, y saliera a la orilla guiada por el disparo y los gritos que le daba su asustadizo amigo.

Cuando esta pisó tierra firme, y ya fuera de peligro, Sampayo se colocó la camisa y se le acercó, comenzando a regañarla muy fuerte, descargando en sus palabras todo el miedo que había invadido su interior, ella que lo respetaba, sabiendo que había hecho algo indebido, bajó la cabeza y se puso a acariciar con el hocico uno de los pies.

Una hora más tarde le contaba al dueño todo lo sucedido.

— ¿Qué pensaste? Que el pez se la comería con todos los cachorros que tiene en la barriga.

— Tú creerás que esto es un juego, pero el temor mío fue, que el cabrón pez la mordiera por una de sus patas y no la soltara en ningún momento, llevándola con facilidad hacia las profundidades, y falleciera ahogada. Tú no puedes ni imaginarte el susto que pasé.

— Sampayo de veras te creo, todavía estas temblando, alterado, y el color de tu cara no es el mismo.

— Domy... fíjate si el susto fue grande, que me quité hasta la camisa.

— Pero tu eres loco, te metiste dentro del agua con lo profundo qué está el estrecho paso de los vientos.

— No muchacho, te devuelvo la locura... acuérdate que yo no se nadar ni una cuarta, es que no tengo la menor idea ¿para qué me quité la camisa?, no se, creo que fueron los nervios del susto.

— Bueno... a Dios gracias que nada te ocurrió, y tampoco a ella, sólo un buen susto, esta será otra historia de su vida que habrá que contar.

— Si algún día escribes o cuentas lo sucedido en esta cacería, que no se te olvide decir el sustazo que pasé, porque lo que es a mí, aunque dure cien años, jamás se me borrará de mi cabeza. Todavía tengo unos temblores por dentro, que me estoy muriendo y posiblemente esta noche tenga pesadillas.

— No hay problemas, usted tranquilo, que esto es historia y las historias se cuentan o se escriben completas.

Una vez más, varios cazadores cubanos disfrutaron el deporte, regresando unos contentos a sus casas y otro acobardado por el susto que pasó.

INTENTOS DE SALIDA

Siempre escuché decir a mi Maestro que toda persona que habita este planeta tiene derecho a la libertad, así que un día basándose en esa verdad irrefutable, decidió construir el medio de transporte para alcanzarla.

De esa primera balsa fui testigo visual, aunque mudo. Yo... acostada en el piso de la amplia carpintería, lo observaba trabajando en la "Piragua", pero esta vez había algo diferente. El radio, que siempre tenía el dial fijo en la emisora radio Martí, estaba apagado, y por su bocina sólo se escuchaba la voz de la esposa, que le avisaba cuando llegaba algún visitante. Las ventanas y las puertas del local estaban totalmente cerradas, y los equipos eléctricos que normalmente hacían tanto ruido, estaban apagados. De vez en cuando hacía funcionar el pequeño taladro eléctrico, y todo lo demás que usaba eran manual. A veces me preguntaba:

— ¿Qué estará construyendo?

En cierta ocasión, alguien llamó a una puerta de la carpintería que daba al fondo del patio, al parecer el visitante no pasó por el lado de la casa, de ser así, Villy hubiese avisado mediante el intercomunicador. El Maestro dejó de trabajar en la proa de la balsa, y quedó preocupado y pensativo, de nuevo el visitante dio varios toques a la puerta mientras decía.

— Domy, estás ahí... es el Chu.

— Voy enseguida, —respondió mientras

decía en voz baja— que coño invento ahora.

Un minuto después, el Chu amigo de la infancia y de cacería, tomaba asiento en el interior de la carpintería, utilizando un viejo banco de madera. El visitante no demoró en preguntar:

— Domy, ¿cómo tú puedes trabajar con todas las ventanas cerradas con el calor que hace?

Este respondió sin titubear.

— Nada Chu, parece cosas de locos pero hoy no tenía deseos de trabajar, y ya vez aquí como todos los días, además tenía que terminar un trabajo y le dije al cliente que hoy era mi día libre, me da pena que venga por ahí y me vea en la carpintería.

El recién llegado se tragó el cuento, y comenzó a silbar una canción en tono bajo, gesto muy característico en él.

— Y tú, ¿qué estás haciendo hoy?

— Nada compadre, estaba aburrido en la casa y salí a dar una vuelta.

Mi dueño observando que la visita sería larga, continúo con su trabajo, mientras su amigo seguía chiflando y le miraba en silencio. Yo desde mi lugar note, que mi Maestro estaba algo incómodo, al parecer se preparaba para la pregunta que estaba por venir. Pasado un rato le dijo a su amigo.

— ¿Cómo están tus fuerzas hoy?

— Yo... muchacho yo estoy nuevo de paquete. ¿Por qué? ¿Qué te hace falta?

— Que me ayudes a virar este artefacto.

— ¿*Cómo lo quieres poner?*

— *Tengo necesidad de colocarlo con la parte de abajo hacia arriba. ¿Qué tú crees?*

— *Para luego es tarde.*

Aunque la armazón de madera, tornillos y aluminio pesaba, entre los dos hombres la colocaron de forma que su punta muy pronunciada quedó hacia arriba. El Chu, había dejado de silbar y retrocedió varios pasos. Desde entonces comencé a notarlo preocupado, miraba con atención aquel artefacto, como le había llamado anteriormente el carpintero, a la proa de la balsa. El Chu, volvió a sentarse en el viejo banco y se rascó la barbilla por un rato. ¿Cuántas preguntas sin respuestas pasarían por su cerebro? Convencido que la mejor solución a su inquietud era preguntar, no espero más.

— *Domy, hace rato que estoy mirando el tareco ese, y no tengo idea que tipo de mueble estás haciendo.*

El carpintero sonrió con deseos, yo al verlo actuar en un momento así, imaginé que ya tenía preparada la coartada perfecta.

— *Tú te ríes porque conoces de carpintería, pero yo no, —protestó el Chu al ver reírse a su amigo.*

— *¿Quién te dijo que yo me estoy riendo de tus pocos o muchos conocimientos de carpintería? Yo me rió porque sabía desde que entraste y vistes el tareco, que me preguntarías por él.*

— *No, no, usted tranquilo, si no se puede*

*saber no hay problema, el problema es... no sa-
ber que es.*

— *Chu, tu sabes que hace tiempo le estoy
haciendo trabajos a la iglesia católica.*

— *La verdad que le hiciste unas puertas
grandes que quedaron soberbias, —respondió el
Chu.*

— *Bueno, este trabajo es para la iglesia,
ves que tiene forma de triangulo, es una alcancía
para que le echen dinero en su interior, por aquí
por esta punta, a la cual debo hacerle una ranura
—le indicó con el dedo índice.*

*El Chu, dejó escapar un infinito silbido en
señal de asombro, pasados diez minutos se
retiraba a su casa. Tiempo después nos contó
que al encontrarse con su esposa le dijo:*

— *Ana, Domy está haciendo una alcancía
para la iglesia, que cuando la llenen, hay dinero
para hacer iglesias en toda Cuba.*

— *¿Pero tan grande es?*

— *Figurate, es del alto mío y tiene una
fortaleza que no hay quien la pueda abrir, le ha
puesto una cantidad de tornillos, que hasta el cu-
ra va a pasar trabajo para sacarle el dinero cuando se llene.*

— *¡Qué exageración!*

*Aquella balsa fue terminada sin contra-
tiempos, e introducida por partes en distintos
muebles. Un día, salimos de la casa en un camión muy grande a las cuatro de la madrugada,
era el viernes veintiocho de agosto de 1992. Mi
Maestro, su esposa, la hija de ambos, el hermano*

y algunos amigos, llegamos al mar con los pri-
meros claros del día.   Con rapidez armaron una
tienda de campaña y colocaron todos los mue-
bles en su interior.   El chofer del camión regresó
al pueblo.

Escuché decir a mi dueño, que yo sería la
clave principal por si algún intruso se acercaba.

— ¿Y cómo lo haremos? —preguntó su
esposa.

— Será muy fácil, en la tarde cuando co-
mencemos a desarmar los muebles, para sacar la
balsa, el motor y todo lo necesario para el viaje,
Lucy estará dentro de la tienda de campaña a mi
lado, como siempre ¿entendido?

— Hasta ahí sí. ¿Cuál es la otra parte? —
volvió a preguntar Villy.

— Muy fácil, tu te encierras dentro del
auto del Niki, y de ahí puedes divisar muy bien si
viene alguien por el camino, lo mismo por la de-
recha que por la izquierda.

— Ahora entiendo, —dijo esta a su
esposo— si alguien se acerca a la tienda de
campaña, comenzaré a llamar a Lucy y no levan-
taremos sospechas.   Así tú dejas de trabajar para
que no oigan el ruido.

— Efectivamente así haremos.

Al llegar la tarde, mi amo y su hermano el
Conejo y varios amigos, empezaron a desarmar
los muebles, sacando de su interior cosas extra-
ñas para mi, pronto todo aquello unido fue
tomando la forma de una balsa, todo iba muy
rápido, cuando de pronto Villy me llamó en reite-

Palmarejo, situado en la costa norte de la provincia de La Habana.
Viernes 28 de agosto de 1992. Lucy en primera plana.

Desde el interior de esta tienda, Lucy sirvió de mensajera entre
Villy y el Maestro, que armaba la balsa con la ayuda
de sus amigos.

radas ocasiones. A pesar de los ruidos y el calor reinante de aquella tarde del mes de agosto, se hizo un silencio sepulcral en el interior de la tienda de campaña. Todos aquellos hombres apenas respiraban, Villy dejó de llamarme y sentimos una conversación en la parte de afuera, varios minutos después yo salía en unión de mi instructor, que muy tenso se presentó ante los intrusos. !Cual no fue nuestra sorpresa! Los recién llegados vestían el uniforme verde olivo, y en sus manos tenían sujetas dos armas largas. La conversación entre mi amo y los recién llegados fue tan amena, que no registraron la tienda de campaña, de haberlo hecho hubieran encontrado a sus amigos y la balsa casi armada. Estoy segura que de aquel desagradable episodio, salió la idea de quitarme como pasajera de aquella balsa. Al oscurecer y después de una conversación entre mi Maestro, la esposa y su hermano, fuí a parar al maletero del carro azul, con una oscuridad total.

Yo no me había equivocado, la decisión final de aquella conversación familiar, fue eliminarme del peligroso viaje hacia la libertad. La salida que se efectuó poco después de mi encierro, fracasó totalmente y todos fueron capturados en alta mar por una lancha patrullera.

Pasé catorce largos días sin ver a mi dueño, cuando por fin lo tuve cerca, lo observé con detenimiento, mientras me acariciaba, noté que su rostro estaba pálido por la falta de sol y también había bajado unas cuantas libras, proba-

blemente por la pésima alimentación. A los pocos días de su regreso, comenzó con mucho cuidado, a construir la segunda balsa, con el nombre de la "Kontique No. 1", utilizando las mismas herramientas manuales y medidas de precaución.

En el lanzamiento de esta segunda balsa tampoco me llevaron, ni siquiera de paseo a la playa, la familia parecía haber tomado la firme decisión de no dejarme acompañarlo en ninguno de sus viajes. También se produjo el segundo fracaso, fueron detenidos y encarcelados, pero poco tiempo después regresaba a nuestra casa.

Debo confesar que la fe y perseverancia de mi dueño eran inagotables, pues mis ojos llegaron a ver la fabricación de cuatro balsas más, haciendo un total de seis, todas con las mismas herramientas manuales y el mismo cuidado. En aquella carpintería que durante tantos años se construyeron infinidad de muebles, se convirtió de la noche a la mañana, en un astillero de rusticas pero seguras balsas. En la lona de las velas construidas a mano, le pintaba en color amarillo el nombre de cada una, según su orden de lanzamiento al mar. La "Kontique No. 2", "La Salvadora", "La Flecha" y "El Titanic". Todo aquel arsenal marítimo, fue sacado del lugar de construcción en horas de la noche, mientras los vecinos más cercanos disfrutaban entretenidos de los escasos programas televisivos.

Todas fueron escondidas por separado en distintas plantaciones de caña de azúcar. Nunca, fue descubierto haciéndolas, transportándolas a un lugar seguro, o en el recorrido para tirarlas al mar con sus amigos de viaje.

Un tercer viaje no se hizo esperar, con la total ausencia mía, al igual que en los dos anteriores. Mi dueño fue a parar a los mismos calabozos por unos días, donde le brindaron como siempre una pésima alimentación, amenazas por parte de los oficiales de la seguridad comunista, y la falta total de rayos solares. Mi paliducho amo se notaba algo pensativo, pero yo podía notar en sus ojos, un brillo especial anunciando el triunfo, a corto o largo plazo. Su decisión estaba echada desde hacia más de dos años, y era: llegar a la Libertad o morir en el intento, pero quedarse viviendo bajo la bota del comunismo. !No más!

Siempre Fiel.   *Domingo M. Perera:.*

VIAJE FINAL

El tiempo transcurría y en muchas oca-siones los amigos de confianza del Maestro en privacidad le preguntaban:

— ¿Cuál es el problema? ¿Qué sucede contigo? ¿Cuándo llegas a la otra orilla?

— Díganme ustedes... ¿cuántos viajes realizó el almirante Cristóbal Colón, para des-cubrir la América?

— Según dice la historia, efectuó cuatro viajes.

— Esos mismos daré yo para descubrir El Mc Donald y la Coca Cola.

Sin imaginarse tan siquiera la veracidad de sus palabras; continuaba con los preparativos para su cuarto viaje, se notaba más tranquilo, quizás era por saber que tenía los medios de transporte asegurados y a buen recaudo, es muy cierto que había perdido tres balsas, pero le esperaban tres más. La conversación que sostu-vieron, él, Villy y el Conejo, sobre si yo debía o no acompañarlo en este cuarto viaje, no se realizó en mi presencia, pero éste último fue el encar-gado junto a Osmy su sobrina, de llevarme hasta el escondite muy cerca del mar.

Ese día inolvidable, salimos corriendo Os-my y yo de la casa, el Conejo se había ido mo-mentos antes, y ya se escuchaba a lo lejos los pitazos del tren que debíamos abordar. Por el camino nos encontramos con un primo, de nom-bre Alberto, que al ver nuestra alocada carrera

LAS SEIS BALSAS CONSTRUIDAS POR EL AUTOR.

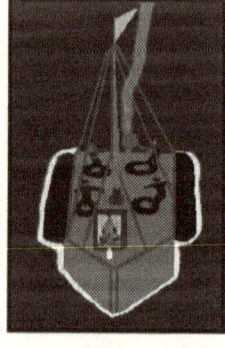 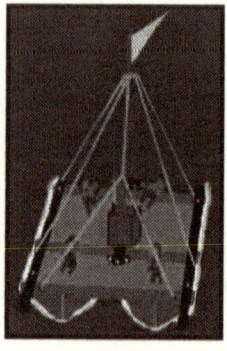 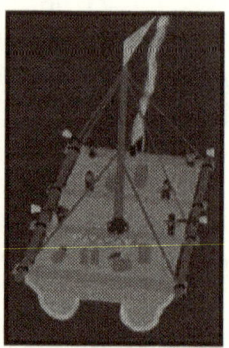

LA PIRAGUA LA KONTIQUE #1 LA KONTIQUE #2
Agosto1992 Septiembre 1993 Mayo 1994

LA SALVADORA LA FLECHA EL TINANIC
Agosto 1994 En Reserva En Reserva

Esas maquetas fueron donadas al Museo del balsero en
Cayo Hueso, en el año 1995.

preguntó.

— ¿Qué pasa prima? ¿Dónde vas con Lucy? ¿Cuál es el apuro?

— Ayúdame primo Albert que se me va el tren.

— Rápido, carga la perrita y siéntate en la parrilla de la bicicleta, —dijo este sin titubear.

Sin perder un segundo, Osmy hizo lo ordenado por su primo y gracias a su ayuda logramos alcanzarlo, reuniéndonos con el Conejo. Aquella calurosa tarde a mediados del mes de agosto, en menos de dos horas, mi acompañante y yo corrimos a mas no poder, montamos en la parrilla de una bicicleta, en tren, en un camión de cargar viandas y hortalizas, y por último en una inmensa rastra, hasta muy cerca del poblado de Boca de Jaruco, situado en la costa norte de la Habana, distante de nuestro punto de partida unas doce millas, equivalente a unos diecinueve kilómetros. Después de caminar casi una milla, nos reunimos con mi dueño y varios de sus amigos, en una casa alquilada con anterioridad.

Recuerdo que el Conejo y Osmy pasaron mucho trabajo, para trasladarme hasta el lugar donde se encontraban todos escondidos. La casa estaba muy cerca del mar, y aunque las altas paredes del patio impedían verlo, llegaba hasta mis oídos el ruido de sus olas rompiendo contra el arrecife.

Unas quince personas se encontraban en el escondite, pero sólo partirían siete hombres, tres mujeres, un niño de cuatro años, un perrito jutiero muy joven nombrado Tintín, y yo. Pasada la media noche, la balsa armada y preparada con todo el avituallamiento, fue lanzada al agua con rápidez, y subimos a su cubierta. Era el comienzo del cuarto viaje para mi amo y el primero para mí.

A medida que la balsa se alejaba de la orilla rumbo Norte, impulsada por el esfuerzo de los hombres, la noche avanzaba rápidamente. Seis de los tripulantes divididos en tres por cada banda, hundían los remos en las oscuras aguas, tratando de navegar lo más rápido posible. Al amanecer del siguiente día, se acercaron a la balsa tres grandes tiburones, nadando por la superficie tranquilamente. Aunque no hicieron nada anormal, su sola presencia impresionó a todos.

Después de tres noches sin dormir, mi Maestro tuvo alucinaciones. Al amanecer del tercer día, las nubes que observaba en el horizonte se convirtieron en bellas casas árabes, con un muro de piedra alrededor de una pradera verde, y un árbol de flamboyán en proceso de florecimiento, todo lo cual no fue mas que un rayo de sol filtrado entre las nubes. Después de aquella pesadilla, logró descansar por espacio de dos horas, hasta que se les acercó un pequeño bote de motor de nombre Maralys, que remolcó la balsa hasta el encuentro con un guardacostas norteamericano, como a las seis de la tarde.

EL RESCATE

El domingo 21 de agosto de 1994, una balsa con el nombre de *La Salvadora* y un pequeño bote de motor de nombre *Maralis,* atracaron a la banda de estribor del guardacostas norteamericano, ***Gallantin 721.***

Un marine lanzó un cabo desde la cubierta del barco hacia la pequeña balsa, amarrándola al guardacostas. Desde lo alto del buque, comenzaron a llover los salvavidas para cada uno de los balseros. En ese instante no se podía definir quiénes eran más felices, si los salvados o los salvadores, quienes con sus cámaras trataban de dejar un testimonio verídico del rescate.

Las palabras dichas en inglés por los marines no fueron entendidas por los agotados balseros, pero a simple vista reinaba la alegría en ambos grupos.

El primer tripulante en subir al barco, con la ayuda de los demás, fue Gonzalo Mesa, el cual presentaba la imagen de un muerto en vida. Su aspecto cadavérico y su pálido rostro reflejaban la difícil travesía, unido a los vómitos y mareos que habían hecho grandes estragos en su fisonomía. Gracias a Dios y al rescate a tiempo, pudo salvar la vida.

En otro orden, siguieron las mujeres con los niños y poco a poco fueron subiendo todos, menos uno. En la cubierta de la balsa *La Salvadora,* quedó un "balsero solitario". Sin tener grados oficiales, sabía que como guía del pequeño grupo, era su obligación y deber ser el último en abandonar la balsa y el Estrecho de la Florida.

Los dos perros, una de once años con dotes excepcionales como cazadora, era cariñosa e inteligen-

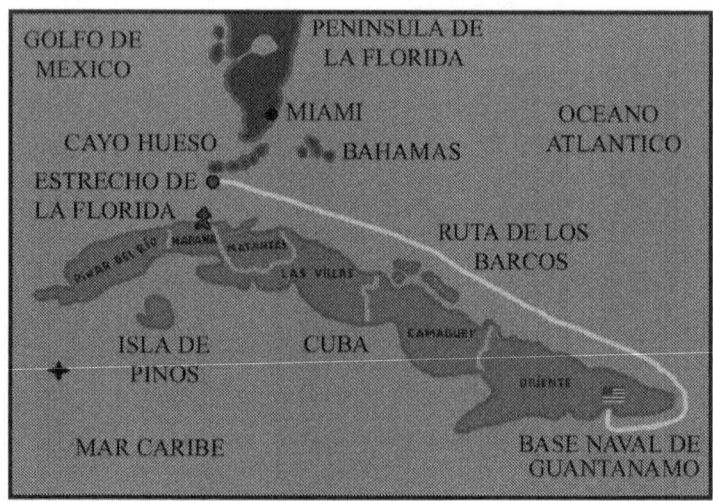

La flecha indica el lugar de partida en la costa norte de La
Habana. El punto cerca de Cayo Hueso, el área
aproximada donde se efectuó "El Rescate."

Una puesta de Sol con un mar en calma, igual a la del
domingo 21de agosto de 1994. (Cortesía de mi
amigo Nelson Bellido Luna.)

Pintura al óleo representando la aparición de los tiburones
en la travesía durante el viaje.

Pintura al óleo de "Las Alucinaciones."

te, y por su comportamiento se había ganado el cariño de todos los que la rodeaban. El otro, un perro muy joven del tipo jutiero (cazador de jutías, mamífero roedor de carne muy apetecida por el hombre). Su dueño Ramiro Padilla tripulante de la balsa, ya estaba en la cubierta del guardacostas. Para él y su esposa, Tintín era la mascota del hogar, un perro obediente con inteligencia de niño. Durante el tiempo que duró el proceso de rescate de sus compañeros de travesía, Tintín no se movió del lugar en que se encontraba sentado, a pesar de no estar amarrado.

Terminando de subir a bordo el último rescatado, "El balsero solitario" se incorporó y avanzó hasta Lucy, que se encontraba amarrada con una fina soga al mástil de la vela, la besó en la frente con cariño y muy cerca de su oreja le dijo en voz baja mientras le quitaba la cuerda:

— Lucy... Al fin llegamos a la Libertad. Quiso Dios que la fe y la perseverancia triunfaran. Por eso podemos afirmar:

"VALE MAS FRACASAR POR OBTENER UN TRIUNFO, QUE DEJAR DE TRIUNFAR POR TEMOR A FRACASAR."

Ella, con un ligero movimiento de su cola, dio a entender que no comprendió la frase, pero le había gustado mucho la caricia. Con los ojos dulces como la miel, le lamió la cara como si entendiera, en prueba de agradecimiento, "El balsero solitario" hizo lo mismo con Tintín, a pesar de no haber tenido mucha relación con él, que no fuera los días y las horas de tensión y angustia que habían vivido durante la travesía. No se escuchó en todo el trayecto del viaje un ladrido, ni una sola molestia por parte de aquellos animalitos, que pudieran perturbar a los tripulantes de la balsa.

Habían transcurrido unos pocos minutos, y desde la cubierta del guardacostas, el balsero escuchó una frase, primero en inglés que no entendió, después fue repetida en perfecto español.

— Los perros no, señor.

Aquella fatídica frase de cuatro palabras, sonó en los oídos del balsero como un rayo fulminante multiplicado por mil, lanzado inesperadamente en aquel inmenso mar. Recorrió con su vista la cubierta del guardacostas y no vio a sus compañeros de travesía, ni a su hija que le había acompañado en el primer viaje y ahora en este. Miró con detenimiento a Lucy y pensó:

— Seguramente los marines los han trasladado a todos al interior de algún camarote.

Volvió a repetirse la frase en español.

— Los perros no, señor.

Despojado de las escasísimas fuerzas que le quedaban, no gastó energías en mirar hacia arriba. El cambio fue tan brusco y cruel en tan poco tiempo, que se dejó caer en la cubierta de la rústica y fuerte balsa. Solitario y perdido en la inmensidad del tiempo, llegó a él un dolor interno que comenzó a invadir todo su cuerpo.

Lucy, como ya estaba suelta, no perdió tiempo en echarse al lado de su dueño para que le acariciara las orejas, como habitualmente hacia. Tintín, que se sentía muy solitario al observar la escena de afecto, corrió por la cubierta para unirse al dúo. Cada una de las manos del balsero acariciaba a la vez las orejas de los dos animalitos. Muy contentos, ambos movían su cola con alegría, sin saber la suerte que le deparaba el destino.

El buque, la balsa y el pequeño barquito se bamboleaban con un ligero movimiento del mar, mientras una manada de delfines jugueteaba muy cerca, ignorando cuanto sucedía a su alrededor. De nuevo pensó en su patria y en su gente, aquella población ruda y sincera que se veía en el horizonte.

Volvió a oírse desde cubierta:

— Suba usted señor, deje los perros.

Esta vez sí miró hacia arriba, mujeres y hombres miraban en silencio. Confundido, observó el horizonte y pensó:

— Bendito sea Dios... qué divino tiempo... toda la dicha y la felicidad que sentía por haber sido rescatados por los hombres que dan su vida por la libertad, han desaparecido de mi alma y de mi corazón.

Con la tristeza que le embargaba, dirigió sus palabras al Omnipotente Hacedor del Universo y le preguntó:

— Señor: ¿Cómo? pueden estos defensores de la libertad, pretender que suba al guardacostas y deje abandonados a los perros. Es que acaso ellos no pueden darse cuenta qué significa para el ser humano la palabra cariño, fiel, amable, servicial, cuando se manifiestan en un animalito indefenso. Si esa mascota a nuestro amparo se quiere de verdad, representa un miembro de la familia, pues se llega a querer igual.

El balsero, miró nuevamente a cubierta y su

respuesta a puro grito fue tajante y crucial:

— ¡No subiré sin los perros!

La voz desde cubierta se oyó de nuevo.

— Señor... usted tiene que subir, los perros no.

De pronto, una voz conocida llena de dolor, le hizo levantar la vista. Allí, sujeta por dos mujeres marines, estaba su hija Osmayda, que gritó:

— ¡Papi... quiero bajar y no me dejan! ¿Por qué quiere esta gente hacerle eso a Lucy?

— Osmy, no llores —gritó el padre— los perros y yo estamos bien, me quedaré aquí con ellos... por favor hija, te pido que no llores. No les des ese gustazo a estos cabrones, no olvides que te lo pedí cuando caímos presos en manos de los comunistas en el primer viaje.

— Pero yo quiero bajar papi.

Aún sin terminar la frase, la apartaron de la baranda las dos marines. Según palabras textuales de Osmy, pocas horas después, en otro barco de guerra, donde se unieron padre e hija, los marines preparaban las condiciones para lanzar desde lo alto, una red y capturar al balsero e izarlo a bordo del buque, dejando los perros en la balsa. Esta operación no pudo llevarse a cabo, debido a que los cuatro tensores de acero que sujetaban al mástil de caña brava, que sostenía la vela, no permitían que la red llegara a la cubierta.

Desde lo alto del guardacostas, continuaron insistiendo los marines al balsero para que subiera sin los perros, pero todo fue inútil. Absorto en su dolor, dejó volar sus recuerdos, cuando fue capturado por los guardacostas comunistas y regresado a las prisiones de su esclavizada Isla. Allí, sentado en la cubierta de la rústica y fuerte balsa se puso a meditar como en el canto del sinsonte.

— Qué cabrona coincidencia —se dijo,— su cuerpo se estremeció, cómo si la frase le hubiese pinchado el alma.

— Ahora recuerdo muy bien los consejos de mi esposa y de mi hermano. Ellos nunca estuvieron de acuerdo que trajera a Lucy, en los viajes anteriores, no me acompañó, pero en esta salida no los escuché.

El recuerdo de sus familiares le martillaba el cerebro, en reiteradas conversaciones le habían re-calcado:

— No lleves a Lucy, la travesía es muy peligrosa, si a ella llegara a sucederle algo, te puede causar problemas.

— Señor, —dijo de nuevo— Tú sabes que tenían toda la razón, pero necesito a mi fiel Lucy. Usted sabe que hace más de veinte años tengo pro-blemas con el sueño; el insomnio es mi fiel guardián. ¿Quién sino ella me puede acompañar en mis des-velos? Recuerde Señor, que el perro cuando es obe-diente, sigue a su amo a todas partes, si éste no duerme el tampoco lo hará.

De pronto, la balsa hizo un brusco movimiento de popa. El balsero giró su adolorido cuerpo y pudo ver a un hombre vestido de militar, parado en la cu-bierta y pensó:

— Seguramente… este militar bajó por la es-calera marinera del guardacostas, la misma por la que ellos pretenden que yo suba.

El recién llegado, trató de acomodarse como pudo encima de una tabla, que había servido de asiento a uno de los tripulantes durante la travesía y dijo en perfecto español.

— Buenas tardes tenga usted, señor.

— Para mí eran buenas, desde hace un rato son bastante malas. —respondió "El balsero solitario" que por las circunstancias ya no estaba tan solitario.

— Disculpe, señor... soy militar y cumplo órdenes del capitán, usted tiene que subir sin los perros.

— Lamento mucho esa decisión, y la maldita orden del capitán, pero no subiré sin ellos. Además... ¿Dónde está él? Quiero hablarle.

— No puedo concederle eso, señor... el capitán me ha enviado para hablar con usted.

— Bien... ya cumplió la orden de su jefe. Sabe mi respuesta. No tenemos nada más que hablar. Sinceramente lo siento por usted, pero así soy ante las injusticias.

— Señor, necesito que usted comprenda, son órdenes superiores.

— Dígame una cosa. ¿Usted es oficial?

— Sí... yo soy teniente de la marina de guerra de los Estados Unidos de América.

— Bien, yo soy civil, pero tengo palabra, y no subiré sin los perros, de hacerlo los estoy condenando a morir. Por favor oficial no insista, como puede ver estoy en desventaja y usted lo sabe muy bien. Dígame por favor. ¿Dónde está su capitán?

El oficial de la marina de guerra no respondió, miró apenado al balsero y lo escuchó con atención.

— Teniente, acaso ignora su capitán el cariño que yo siento por estos animalitos indefensos. Esta pe-

rrita que usted ve aquí, ha tenido tres partos con veintisiete hijos en total, inclusive ha ganado competencias
nacionales en Cuba.

Con educación y respeto el oficial escuchaba y
observaba en silencio aquel hombre, deteriorado físi-
camente por los días y las noches encima de una rústica balsa. Pasados unos segundos, con palabras tristes
le confesó:

— Escucha balsero, yo soy puertorriqueño pero
vivo con mi familia en los Estados Unidos, en mi casa
hay tres perros que no son de cacería. Entiendo perfectamente por el momento que está pasando, y en realidad no estoy de acuerdo con la orden que me ha en-
comendado el capitán, pero debe comprender que el es
quien da las ordenes.

— Pero dígame teniente. ¿Dónde está aunque
sea el fantasma de su capitán? Solamente con mirarlo
no voy a hacerle ningún daño.

Debido a la insistencia por parte del balsero, y
el buen corazón del teniente, le respondió:

— Ahora no, pero mire después hacia arriba, en
el último piso del guardacostas, ahí puede ver al capitán. El es quien da las órdenes.

— Le pido por favor a usted, que diga al capitán que deje subir los perros al barco, o de lo contrario
que me deje tranquilo y en paz.

Convencido de las firmes palabras, el oficial
tomó en sus manos el radio portátil que colgaba de su
cinto y habló en inglés con el capitán. Mientras esto
sucedía, el dueño de Tintín se asomó a la baranda de
cubierta del guardacostas y dijo algo, referente a los
perros, por lo que éste respondió:

— Claro, que no subiré sin ellos.

Finalizada la conversación entre el capitán y el teniente éste último dijo:

— Me informa el capitán que si no quiere subir al guardacostas dejando los perros, lo dejará solo en el mar con su balsa.

— Dígale a su capitán de mi parte, que le estaré eternamente agradecido por su gesto y complacencia.

El comprensivo teniente, volvió a comunicarse por radio con su capitán, en ese instante se escuchó una frase en español con acento inglés desde la cubierta, muy cerca de la popa del guardacostas.

— Balsero... no subas, mantente firme.

Aquella frase de solidaridad proyectó nuevas fuerzas al balsero, que al parecer ya no estaba tan solo, alguien bajo el mando del capitán lo apoyaba en su intento de salvar a los perros. Buscó con la vista al que había hablado y allá algo lejos, casi en la popa del barco, vio a un marine recostado a la baranda de la cubierta, quien agitó en lo alto su mano derecha con el puño cerrado.

Además de esa generosa acción de solidaridad, observó a lo largo de la baranda del barco muchas caras tristes, que contemplaban con pena la escena que se estaba desarrollando. Pudo ver alguna que otra mujer uniformada llorar en silencio, afectadas por el dolor ajeno, e impotentes ante la cruel orden de su capitán. Emocionado, levantó la mano en señal de agradecimiento, y respondió al marine con un grito de alegría reflejada en su rostro.

— No subiré sin los perros, gracias señor.

— Así balsero, no subas —respondió nuevamente el marine desde cubierta.

El teniente había terminado la conversación por radio con el capitán, y el balsero escuchó las frases dichas en inglés entre ambos hombres, pero desconocidas para él. El marine solidario se retiró de cubierta, dando a entender que el regaño había sido muy fuerte. El teniente miró con detenimiento al rebelde hombre, que lo miraba muy serio y en señal de disculpa, le dijo:

— Si el capitán llega a escuchar al marine invitándolo a no subir, se buscaría serios problemas. Además, me ha dicho por el radio que bajarán agua y víveres desde el guardacostas, para dejarlo solo en la balsa.

— Gracias teniente, me quedaré solo en la balsa, así evitaré que su capitán mate los perros.

— Y una vez, solo en la balsa y en este inmenso mar. ¿Qué hará? Porque los perros no se pueden llevar a territorio de los Estados Unidos.

— Teniente, permítame decirle que esa orden al parecer es nueva, porque hasta hace muy poco, los perros, las cotorras, y hasta los cocuyos, que llevaran los balseros en sus viajes como amuletos, o para no dejarlos bajo las garras del comunismo, se admitían sin problemas en todo el territorio norteamericano.

El teniente no respondió, y volvió a hablar con el capitán en inglés.

Por unos instantes, el balsero tuvo la esperanza de poder salvar a los animalitos indefensos. Pero debido a su agotamiento físico y mental, no pensó que su única hija sería trasladada a territorio norteamericano sin él. El silencio reinante en la cubierta de la balsa, lo llevó a nuevos pensamientos.

— Cuando este capitán se vaya pal' carajo, tengo una sola opción, izar la vela y poner rumbo sur, cuando me vean pensarán que regreso de nuevo para el desgraciado comunismo, de esa forma creerán que estoy arrepentido de seguir viaje hacia su bendito país, cuando se alejen suficiente y caiga la noche, vuelvo a girar rumbo norte y a lo mejor me le escapo y llego a la costa.

Minutos después, bajaron desde la cubierta del guardacostas por medio de una cuerda, un saco de nylon transparente, con los víveres prometidos por el capitán. El hombre se levantó del lugar donde se encontraba sentado y con gran dolor en su cuerpo, retiró la cuerda del saco e hizo un gesto de agradecimiento con la mano derecha y el puño cerrado. Desató el amarre del cabo que sujetaba la balsa, y tomó un remo en sus manos, apoyándolo en el casco del barco para separarse un poco e izar la vela. De repente, se dio cuenta de las escasísimas fuerzas que le quedaban, apenas podía hacer el más mínimo esfuerzo. De todos modos, lo intentó con el remo, pero fue en vano. Una voz a su espalda le hizo volverse, era el teniente que se mantenía sentado en el mismo sitio, en la cubierta de la balsa. Miró asombrado al oficial, y le preguntó:

— ¡Pero teniente! ¿qué hace usted todavía aquí?

— Señor, no haga ningún esfuerzo por marcharse, no lo dejarán ir, han lanzado desde cubierta otro cabo para sujetar la balsa al guardacostas.

Esta vez el cabo lanzado tenía un grampín,* en uno de sus extremos. Este se aferró a la unión de los cuatro vientos de acero en lo alto del mástil, no permitiendo que se alejara del guardacostas.

El balsero observó contrariado al teniente, preguntando:

— ¿Pero es que no entiende su capitán? Yo no subiré al barco sin los perros. Que me dejen en paz, ya han hecho bastante por mí, tengo agua, alimentos y lo que necesito para seguir sólo. ¿Por qué ustedes no se acaban de ir?

— Esperemos... vamos a ver qué dice el capitán.

Pasaron varios minutos de silencio total. La conversación entre el capitán y el teniente continuaba por radio. En ningún momento, el oficial hizo la traducción de lo conversado con su jefe. Cuando terminó, el balsero le preguntó.

— ¿Qué le pasa ahora a su capitán? ¿Por qué? no me deja ir de una vez y por todas con los perros.

— Hace unos instantes me comunicó que espera órdenes superiores. Según me ha dicho, se acerca una tormenta.

— Teniente, no lo puedo creer. ¿Desde cuándo le interesa a su capitán mi vida y la de mis perros?

— Señor, no interprete las cosas así, —respondió el oficial tratando de justificar a su jefe.

— Teniente... colóquese usted en mi lugar, desde su posición jamás podrá comprender.

No hubo respuesta a lo dicho. Después de un prolongado silencio, volvió a establecerse un intercambio de preguntas y respuestas entre ambos hombres, sobre Cuba, Puerto Rico y los Estados Unidos. Durante la conversación, el balsero pudo comprobar que aquel era un hombre más, de los muchos que hay, que ignoran por completo, el por qué los cubanos se lanzaban al mar en una rústica balsa en busca de libertad, poniendo en juego sus vidas en el peligroso Estrecho de la Florida, donde pueden ser devorados por los tiburones, o perderse en el inmenso Golfo de México. Existían motivos más que suficientes para cometer esos actos tan arriesgados, y la manera más fácil de evadir el sistema comunista es un avión, un barco o la peligrosa balsa.

El ruido de un motor fuera de borda interrumpió la conversación. Observaron en silencio como una lancha con cinco tripulantes se acercaba. Al ver que cuatro de los marines venían parados en perfecta formación militar, uno al lado del otro, el balsero no pudo dejar de pensar que habían sido muy bien seleccionados, pues todos medían mas de seis pies, y debían pesar cerca de las doscientas libras. Se dijo que muy probablemente fueron fabricados en el mismo molde. Desde la lancha lanzaron un cabo que unió a *La Salvadora* y el *Maralis* con el barco.

Ninguno de los cinco militares que venían en la lancha hablaba español, como tampoco hablaba inglés el que había dejado de ser desde hacía un rato, "El balsero solitario", por lo que el teniente realizaría las funciones de intérprete.

— Buenas tardes —dijeron los recién llegados.

— Buenas —respondió el balsero sin comprender.

Uno de los cuatro marines que aún se mantenían en perfecta formación, al parecer era el jefe, habló con el teniente y le expresó el objetivo de su inesperada visita.

Pintura al óleo que representa "El Rescate."

— Le piden disculpas, pues son soldados que vienen a cumplir órdenes del capitán. También piden perdón a Dios, porque sus corazones albergan buenos sentimientos.

La frase causó sorpresa al balsero, que no comprendía el por qué tanta disculpa con él, y tanto perdón con Dios.

El dolor de su cabeza se manifestaba más punzante, y pensó muy rápido:

— Quizás, por orden de su jefe, hayan venido a matarme junto a los perros por mi desobediencia.

En el rostro de aquellos marines podía observarse a simple vista, que no estaban de acuerdo con la orden encomendada por su capitán. Es posible que aquellos cuatro hombres jóvenes, al observar las condiciones de su víctima, sintieran hasta lástima y pena por él.

El evidente deterioro físico, contrastaba con su actitud rebelde, y su firme decisión de salvar a los perros. La vista de aquel ser humano, luchando por continuar en el mar con todos sus peligros, parecía despertar a los jóvenes marines de un letargo que venía de la inmensidad del mar. Quizás por eso sentían pena y respeto, a la vez que admiración, sentimientos desconocidos por su capitán. El teniente continuó traduciendo:

— Lo sentimos mucho señor, el capitán ha enviado a estos hombres con la misión de subirlo por la fuerza al guardacostas, no piense otra cosa, —su voz se escuchó entrecortada.

El balsero le recordó:

— Hace un rato, su capitán le dijo que me dejaría solo en la balsa y hasta bajó agua y alimentos. ¿Cuál es el problema ahora?

— Señor, recuerde que se acerca una tormenta y no debemos dejarlo a merced del mar. Le pido perdón por este acto de violencia. —Diciendo esto, el teniente se persignó delante del balsero, quien le respondió:

— Su capitán es quien debe persignarse las veinticuatro horas del día, por abusar de los que están por debajo de él. Además... puros cuentos de su jefe, —miró a la parte más elevada del guardacostas, buscó con la vista en lo alto del buque la silueta del capitán, y sin poder contenerse por la soberbia exclamó:

— ¡Que... hijo... de puta... eres!

Volviéndose al teniente le dijo:

— Dígale a su capitán que baje él para subirme y no dé más órdenes.

— Entienda señor, no puedo decirle eso, me puedo buscar problemas, comprenda..., él ha enviado a estos soldados para que lo lleven por la fuerza si no quiere subir sin los perros. Ellos se han disculpado con usted y con Dios, no tienen la culpa.

El balsero observó detenidamente los cuatro marines, que se mantenían firmes en sus puestos y pensó:

— ¡Ñoo...! En honor a la verdad, en las condiciones que yo estoy, con uno solo de ellos sobraría para lanzarme por el aire y dejarme caer en la cubierta del guardacostas.

Estaba destruido y exhausto, lo vencía el cansancio y el sueño. Esa noche, sería la tercera sin dormir. Miró con detenimiento las palmas de sus manos y observó ocho ampollas de sangre y líquido dermático, producidas por el rústico trabajo de remar. Apenas podía cerrar las manos por el dolor que le causaban, y se preguntó:

— ¿Qué podré hacer contra estos cuatro gigantes? ¿Dónde coño están mis fuerzas? Ya sé... Las he consumido durante el viaje, y aún no he terminado. La batalla por la fuerza contra estos visitantes sería muy breve, con ningún resultado positivo para mí, ni para los perros. No tengo ningún medio de defensa y de tenerlo no lo emplearía contra nadie, no es mi intención convertirme en un asesino. Ese calificativo le pertenece al capitán del guardacostas. El muy cabrón e hijo de puta tiene muy fija la maléfica idea de asesinar a mis indefensos perros.

— Los hombres que me acompañaron durante el viaje están sanos y salvos en el guardacostas, incluyendo al dueño de Tintín, que debió haber estado a su lado en todo momento, en lugar de dejarlo encima de la balsa a la buena de Dios, —continuó con sus pensamientos, sin ser interrumpido por los militares que le observaban.

— Agradezco de todo corazón a estos marines, enviados por el maldito capitán, el respetar por unos minutos mi silencio.

Tratando con serenidad de forzar la situación dijo:

— Teniente, por favor dígale a su capitán que se vaya con ustedes y me deje solo en la balsa, esta situación puede ser muy fatal para mí, yo quiero mucho a estos indefensos animalitos, dejarlos en la balsa es condenarlos a una muerte segura.

— Señor, no puedo hacer nada más, entienda por favor, si usted no sube al guardacostas, aunque no quieran, ellos tendrán que cumplir las órdenes del capitán.

El balsero volvió a bajar su cabeza adolorida y miró con dolor a Lucy y Tintín, que seguían moviendo la cola por las caricias recibidas. Convencido que nada podía hacer por las buenas para salvarlos, de la decisión cobarde y mezquina del capitán, le dijo al teniente.

— Oficial, transmita usted por radio a su capitán de mi parte, que en ese cielo azul hay un Dios que está viendo este crimen, y yo lo acuso ante Él y ante ustedes de asesinar a mis perros.

— Eso sí se lo diré al capitán, —dijo el oficial aliviando el peso de su conciencia.

El teniente, comenzó a hablar con el capitán utilizando el radio portátil. En lo alto del barco, allá en la cima del buque, inerte como una estatua de hierro, estaba el indolente capitán del *Gallantin 721*, ya muy seguro de haber ganado la desigual y ventajosa batalla a su favor.

Volvió la vista y miró a Lucy. Acercando sus labios a una de las orejas de su Siempre Fiel compañera de muchos años, le dijo en baja voz:

— Lucy, he tratado de hacer cuanto he podido por salvarte la vida, y aunque no estoy conforme con mi gestión, no me siento culpable de lo que este mil veces maldito capitán, quiere hacer contigo y con Tintín. Dios es testigo que no quise traerte en este viaje para que ofrecieras tu vida por mi libertad. Mientras yo exista en este mundo, nunca te olvidaré. Te prometo que algún día escribiré la verdad de esta tragedia, y todo lo relacionado contigo desde que llegaste a mí. Muchas son las personas que te quieren y otras te querrán aún después de muerta al leer el escrito. Escúchame bien Lucy, aunque no entiendas mi forma de actuar en este momento para salvarte de las garras de este asesino, espero que cada persona emitirá su opinión al respecto. Además, como un toque de justicia, estoy seguro que sentenciarán la actitud cobarde y mezquina de este indolente personaje. Quizás algún día cuando se encuentre con la muerte, su espíritu no descansará en paz por las condiciones que le brindará Satanás en el mismísimo infierno. Y su familia... su familia algún día vivirá avergonzada de su actitud altanera, cruel y prepotente.

Al terminar de hablarle, le ofreció un beso en la frente en señal de despedida e hizo lo mismo con Tintín. Incorporándose del rudo asiento, tomó su gorra de cazador y la lanzó con fuerza contra la cubierta en señal de protesta, tratando de demostrar todo el odio concentrado en su interior contra aquel hijo de Satanás. Quizás algunos de los presentes al observar su rostro, pudieron percatarse del dolor que le martillaba el alma.

En compañía del teniente, subió a la lancha y escuchó a los militares conversando con él.

— Ellos vuelven a pedirle disculpas, —dijo muy serio.

— Gracias... puede decirles de mi parte que entiendo que no son culpables de este crimen.

— También agradecen su decisión, pues de no haber subido por su propia voluntad, hubiesen tenido que usar la fuerza y no querían hacerlo.

— Gracias, teniente.

— Balsero, todos ellos en señal de amistad, quieren estrecharle la mano.

En actitud respetuosa, uno detrás de otro, le extendieron la mano y según pasaban decían algo que era traducido por el teniente.

— Lo sentimos, señor.

Terminada la ceremonia de saludos y pésame por la sentencia a muerte que había caído sobre las cabezas de ambos animalitos, el balsero se dejó caer en el duro asiento de la lancha, mientras los marines continuaban conversando en inglés.

La lancha arrancó sus motores, pero antes de partir, uno de los marines desató el cabo que los unía a la balsa. Tomando un poco de velocidad, hizo un giro hacia la izquierda y se estacionó a la deriva a unos cincuenta metros del lugar donde se encontraban, dejando funcionar su maquinaria fuera de borda a muy bajas revoluciones.

Aquella pesadilla había durado mucho más de una hora, pero para el balsero fue eterna. Desde su asiento miraba al suelo, pero al notar que la lancha se encontraba a la deriva, levantó su adolorida cabeza y miró su balsa. Allí, sentada sobre sus patas estaba Lucy, como siempre, esperando la orden de su dueño para lanzarse al agua y nadar hasta él. Cientos de veces lo habían hecho juntos, durante las cacerías de patos en Cuba. Comenzó nuevamente a pensar, llevando al presente infinidad de pasajes inolvidables de antaño.

— Mi buena Lucy. ¿Recuerdas cuándo te conocí? Tenías solamente treinta y seis días de nacida, el Cuco me hizo un gran regalo al traerte para que te cuidara y enseñara. No olvidaré jamás cuando fuimos a vacunarte para matarte los parásitos, y de paso te inscribí con el nombre de Lucía. Acaso recordarás como recuerdo yo, que con sólo tres meses de nacida te llevamos al campo y por primera vez hiciste la muestra de aquel puñado de codornices. O cuando me vistes tirado en el piso de la carpintería, sin aire y partido del dolor, te echaste a mi lado y empezaste a lamerme el brazo. Todo, mi Siempre Fiel... todo lo recuerdo perfectamente. Cuántos gratos recuerdos guardo en esta adolorida cabeza, cuánta fidelidad hay dentro de ti para tu dueño. Cuándo terminaría de contar yo todas tus hazañas, cobrando becasinas, codornices, palomas, guineos y patos. Dios mío, te pregunto. ¿Cómo pueden existir hombres con tanta crueldad? Y ahora que tú me necesitas y te he fallado. Si tuvieras el poder de raciocinio... ¿qué me dirías? Acaso que soy un jodío' pendejo. Mi buena Lucy, qué vida más porquería esta.

Cambió la vista y nuevamente miró al suelo. Un dolor le oprimía el pecho y la boca del estómago, recorriendo todo su cuerpo. Pensó en las ideas malévolas que maquinan algunos seres humanos como el odio, el desprecio, el rencor y los deseos incontrolables de estrangular con sus propias manos a otro ser, que por capricho y abuso de poder, quiere hacer desaparecer vidas. Esas ideas maquiavélicas pasaban por su cerebro como un ciclón, y lo perturbaron hasta el punto de llorar, pero las lágrimas no salían al exterior para desplazarse por las mejillas, quedaban dentro para apagar el fuego que sentía, el que puede destruir a los hombres o a sus semejantes. Se limitó a pensar y murmurar en voz baja, a pesar de saber que el teniente entendía y hablaba perfectamente su idioma.

— Dios mío, pero... ¿Cómo es posible que existan hombres tan hijos de puta como éste? Es algo realmente inconcebible. Coño..., después de escuchar por más de treinta años a los comunistas decir en mi patria, que los americanos eran unos hijos de puta y no creerlo jamás, porque he considerado, por haber vivido allí, que los verdaderos hijos de puta son ellos, mira lo que me pasa, tan contento que me puse, al ver desde lejos al cabrón guardacostas que venía a salvarnos, y ahí están los resultados. Todavía, si hubiese sido un marine de cubierta o quizás el cocinero quien hubiese querido matar los perros, es admisible entre tanta gente como tiene ese barco, pero no, tiene que ser el hijo de puta del capitán, que actúa como el tirano de Cuba, el manda más y el que más manda, señala, ordena, jode, dispone y al final le parte el alma a quien se le ponga por delante. ¿A quién coño se le habrá ocurrido poner a este desmadrado del recoño de su madre, de jefe? ¡No, y lo más lindo de todo esto, que es capitán! Quisiera saber... ¿cuáles han sido sus méritos para alcanzar ese grado? Recuerdo lo que me dijo una vez mi amigo Roberto Martínez Soria, cuando apenas yo tenía 16 años: — Muchacho, en el transcurso de tu vida por este planeta tierra, vas a conocer que: **"hay hijos que no tienen madre y madres que no tienen hijos."** Y ahora me doy cuenta que este cabrón capitán no tiene madre, ni su madre tiene hijo, lo que parió esa buena mujer fue un demonio envuelto en pañales, que luego fue creciendo para joderle la vida a los animales y partirle el alma a los cristianos. Si pudiera caminar por la superficie del mar y llegar hasta ti, te estrangularía con mis propias manos, para que nunca más le hagas daño a quienes te rodean, pero... ¿de qué me serviría hacer eso?

El balsero, algo fuera de sus cabales respiró profundo varias veces, exhalando el aire por la boca y dejando escapar un pequeño silbido. Algo más calmado, dijo en voz baja:

— Ya... ya balsero, para ahí... desconecta el sistema violento que te quiere dominar, que este modelo de mal nacido de casa de la puñeta, no te va a joder la vida... contrólate y busca un aliciente para que puedas alcanzar tu objetivo.

Levantó su vista y miró nuevamente a Lucy, que no se había movido del lugar. Cruzó una mirada con el teniente pero al parecer, sus ojos ya no despedían centellas de odio por lo sucedido. Una idea fugaz como una saeta cruzó por su cerebro, y pensó para sus adentros:

— Me lanzaré al mar y llegaré nadando hasta la balsa. No es sacrificio ni hazaña para mí, durante más de 30 años he practicado la caza submarina y temor a los tiburones no tengo. Hasta ahí todo bien, pero... ¿Qué ganaré a cambio? Seguro que el capitán, como no entiende el significado del dolor ajeno, muy rápido por medio del radio, ordenaría al timonel de la lancha que comience una persecución implacable contra mí. Con estos cuatro forzudos a bordo, me capturarían en un santiamén y no podría llegar a tiempo a la balsa. Me queda otra opción, y es llamar a Lucy, que está esperando mi orden; con un solo silbido se lanzaría al mar, pues lo conoce desde muy pequeñita, pero este capitán hijo de puta… No, no puedo comenzar otra vez sería capaz de tirarle a matar con un arma desde el guardacostas. No estoy preparado para soportar semejante crueldad, y creo que no debo hacerlo. Otra cosa...quizás pueda salvar a mi Lucy pero entonces, mataría a Tintín y mi conciencia jamás estaría tranquila, nunca podría descansar en paz.

En un abrir y cerrar de ojos, la lancha aceleró nuevamente sus motores y se alejaron unos trescientos metros del guardacostas, del barquito *Maralis* y de la balsa *La Salvadora*. Aquella maniobra no tomó de sorpresa al balsero, el cual continuó pensando:

— ¿Quién sabe? Es posible que estos puñeteros marines al verme pensativo y en ocasiones hablando solo, imaginaron que algo estaba tramando y aunque no entiendo su idioma inglés, han conversado bastante. Carajo... ¿para qué existirán tantos idiomas en este mundo? si con uno sobra.

Pasaron varios minutos, otro guardacostas más pequeño que el *Gallantin 721*, se acercó a varios metros de la lancha, momento que aprovechó el balsero para preguntar al teniente.

— ¿Qué van hacer conmigo?

— Él ha ordenado trasladarlo a ese barco.

— ¿También su capitán va a separarme de mi única hija, que la tiene retenida en el guardacostas?

— No señor... no piense así, a ella seguramente la traen después para que este a su lado.

La tarde desaparecía veloz, el sol se podía observar en el horizonte casi unido al borde del inmenso mar. Minutos después, la lancha aceleró sus motores y fue a parar a la banda de estribor del *Gallantin 721*, muy cerca de la balsa y del pequeño barquito, dejando atrás al recién llegado buque.

Desde cubierta, un marine lanzó un cabo y sujetó la lancha al buque. Poco después, bajaron una escalera marinera y por ella, descendieron los hombres que
componían la tripulación del barquito y la balsa. El
dueño del perrito Tintín al subir a la cubierta de la lancha preguntó al balsero.

— ¿Qué van hacer los marines, matar los
perros?

— Creo que sí, —fue una respuesta a secas por
parte del balsero que estaba demasiado abatido para
hablar.

A pesar de haber trece hombres a bordo, el
silencio en la cubierta era total. Un marine desató el
cabo y la lancha se alejó rápidamente, haciendo un giro
navegó a gran velocidad hasta un inmenso buque de
guerra, que estaba a unos cuatrocientos metros. En el
casco, pintadas en letras grandes, podía leerse su nombre *Vicksburg CG 69,* perteneciente a la marina de
guerra de los Estados Unidos.

Mientras se alejaba la lancha del *Gallantin 721,*
el balsero pudo observar, que desde la cubierta del
mismo, un marine rociaba con una manguera un líquido sobre el barquito *Maralis.* Pensó que podía ser
gasolina u otro material inflamable para después pren-
derle fuego, y recordó con temor, que la balsa estaba
muy pegada al pequeño barquito. Un escalofrío se
apoderó de su cuerpo, a pesar del calor reinante aquella
tarde del mes de agosto. La lancha con su preciada
carga, atracó en la banda de estribor del inmenso buque, al lado de una escalera de hierro. Por orden del teniente, subieron todos los balseros a la cubierta donde

se encontraban cientos de personas que fueron res-
catadas ese día o el anterior.

La lancha rápida nuevamente se dirigió al
Gallantin 721 y unos minutos después, regresaba con
las mujeres y los niños. El gigante *Vicksburg CG 69*,
partió con rumbo desconocido a gran velocidad, pero
en una trayectoria opuesta a la caída del sol, dando la
razón a lo que decían algunos balseros: la ruta final de
aquel inmenso buque de guerra, sería la bahía de
Guantánamo, situada en la costa Sur de la provincia de
Oriente, lugar donde el gobierno de los Estados Unidos
mantiene una Base Naval.

La hija del "balsero solitario", Osmayda Perera,
le confesó a su padre que mientras se desarrollaba la
tragedia del capitán con él, el mayor interés del primero era asesinar a los animalitos. Varios marines, entre ellos hombres y mujeres, que hablaban español le
habían dicho:

— Es una orden federal, no se puede rescatar a
los perros. Se les inyectará a ambos una dosis de un
medicamento que los hará dormir para siempre.

— El dolor del pecho y la boca del estómago
volvieron a aparecer en el balsero, y sus ojos despedían
centelleos de odio. Otra vez la misma rabia incontrola-
ble iba a ser presa de él, y un sollozo entrecortado se
escapó de su pecho. Fue un aviso importante para que
su valiente hija lo sacara de aquel abismo de maldiciones, que a veces ciega a las personas. Sus palabras va-
lían por mil:

— Papi... no sufras, no le digas maldiciones a
un ser inferior a ti, Dios con su ley se encargará de
sentenciarlo en su juicio final.

El balsero se tranquilizó algo y se quedó sentado en la cubierta del barco entre los brazos de su hija, sollozando en voz baja.

Vale la pena aclarar, que no todas las mascotas traídas por los balseros a tierras de libertad durante el éxodo de agosto y septiembre de 1994, corrieron la misma suerte. Diez meses después de haber ocurrido aquel desagradable suceso, para ser más exactos, el 11 de junio de 1995, en el campamento Villa Lima, ubicado en la ribera Este de la entrada de la bahía de Guantánamo y a escasos metros del Obelisco Masónico, se encontraron dos miembros de esa institución. Sus nombres, Pedro Puñales y Domingo M. Perera. En conversación sostenida por ambos, salió a relucir "El Rescate" previamente descrito. El hermano masón Puñales, le confesó a su hermano Perera, que al siguiente día de su rescate o sea, el lunes 22 de agosto de 1994, el también fue rescatado por la tripulación del guardacostas *Gallantin 721,* y que el mismo capitán quiso asesinar al perro que traía en la balsa, pero él se había opuesto radicalmente a que se cumpliera dicha orden. En esa ocasión el capitán, perdón, el hijo del diablo, no tomó las mismas medidas arbitrarias de subirlo a bordo del buque a la fuerza, como había hecho el día anterior con el balsero solitario.

En un lugar apartado de los campamentos de refugiados cubanos en la Base Naval de Guantánamo, muy bien cuidados y alimentados, se encontraban más de treinta perros pertenecientes a distintos balseros que habían sido rescatados en el mar por distintos guardacostas.

Sus dueños buscaron afanosamente a Lucy y

Tintín en Guantánamo, y sus familiares lo hicieron igualmente en Miami. Nunca aparecieron. En vista que no fueron encontrados, suponemos, que el asesinato de los dos perros, se llevó a cabo por órdenes directas del extremista capitán del guardacostas **Gallantin 721,** y no como una ley federal.

— Quizás, haciendo un análisis más exhaustivo de este suceso, aún en las tinieblas del anonimato, podemos decir que donde quiera que se encuentren esos dos perros fieles, aunque no pudieron llegar a su destino por diversos motivos, siempre estarán presentes en el corazón de alguien que quiso lograr lo mejor para ellos. Quedarán unidos y presentes en el recuerdo digno de esos dos grandes cachorros, recordados con cariño por sus dueños. La historia está presente en cada oleaje marino, como muestra de tesón y sacrificio, al quedar flotantes en la gran masa de agua fría en el traicionero Estrecho de la Florida, sin conocerse con exactitud el rumbo y la dirección de esas dos fieles criaturas, que han pasado a la gloria y a la eternidad.

Fin

A este buque de guerra llevaron a mi Maestro, y a los otros acompañantes, partiendo después con rumbo desconocido.

A escasos pies del Obelisco Masónico, construido en el campamento Villa Lima en Guantánamo, se efectuó la conversación entre los hermanos masones Pedro Puñales y el Autor.

Siempre Fiel.　　　　　*Domingo M. Perera:.*

NOTA DEL AUTOR

— Mi Siempre Fiel Lucy. Yo... Domingo M. Perera González:.33° hago saber a todos los que el presente vieren, que soy el Autor de este escrito titulado: *El Rescate,* el cual es copia fiel y exacta, de lo sucedido aquella trágica tarde del 21 de Agosto de 1994, a escasas millas de Cayo Hueso, según la interpretación del oficial de la marina de guerra de los Estados Unidos de Norteamérica, al "Balsero Solitario," durante el tiempo que duró aquella tragedia.

Testigos de este abominable crimen fueron: el GRAN ARQUITECTO DEL UNIVERSO que es DIOS, decenas de tripulantes, hombres y mujeres del guardacostas *Gallantin 721*, perteneciente, a la guardia costera de los Estados Unidos, entre los que se encontraban, soldados y oficiales, más los balseros y lancheros acabados de rescatar. Tú, que muy tranquila y pacientemente esperaste la decisión de aquel abominable personaje.

— Mi inolvidable Lucy. Yo, tu amigo y Maestro, comencé a escribir tu historia **"utilizando más lágrimas que tinta,"** pero he logrado cumplir con mi palabra, que un día trágico para los dos te ofrecí.

Que Dios, tenga tu espíritu, descansando en el lugar que mereces en unión de Tintín.

Siempre Fiel.   *Domingo M. Perera:.*

APENDICE

* — Torno. Herramienta eléctrica o manual, utilizada en elaborar piezas u objetos de madera, metal y barro.

* — Cambalache. Palabra muy usada entre la población y que sustituye a la de negocio.

* — Servicio Militar Obligatorio. Todos los cubanos comprendidos entre 17 y 27 años, tienen la obligación de pasar este servicio militar por espacio de tres años, con un salario mensual de $7,00 pesos cubanos. Es equivalente a menos 0.25 centavos de dólar mensualmente.

* — Miel de purga. Se conoce con ese nombre a un líquido viscoso, utilizado en la alimentación del ganado vacuno y porcino y se obtiene de la caña de azúcar.

*— Presión. Área interna del cartucho o vaina donde lleva más cantidad de tacos.

*— Broca. Herramienta utilizada en distintos oficios como la mecánica y la plomería para hacer agujeros en distintos materiales.

*— Silicato. Líquido viscoso de color blanco transparente, utilizado en los centrales azucareros para pegar el papel en las paredes del interior de las casillas de ferrocarril, con el objetivo de cargar azúcar a granel.

* — Modorro. Niños que presentaban problemas durante el aprendizaje en sus primeros años en la escuela.

* — Pangola. Forraje utilizado para el alimento vacuno que se extiende por la superficie de la tierra en forma trenzada.

* — Presa. Lugar donde se almacena agua construida por el hombre.

* — Quebrada. Lugar en la hierba donde las codornices se esconden del cazador y del perro, después de un levante.

* — Cuarentiño. Pasado de los cuarenta años.

* — Cañadón. Aberturas profundas que existen en la tierra y por donde casi siempre corre un riachuelo, cubierto en la mayoría de los casos de un espeso follaje y palmas reales.

* — Muerta al palo. ·Frase muy común entre los cazadores de aves y submarinos a pulmón, cuando la presa muere al instante alcanzada por un disparo o un flechazo.

* — Vamos a romper el hielo. Frase muy cubana cuando se quiere comenzar a realizar algo.

* — Trabajos. Se nombran trabajos en la cacería, a la obediencia, muestra y cobro de las codornices por parte de los perros.

* — Grampin. Modelo de gancho utilizado en botes, barcos y balsas.

ACERCA DEL AUTOR

Domingo M. Perera González, nació el 26 de abril de 1949 en el pueblo de Caraballo, provincia de La Habana, Cuba. Cursó sus primeros estudios en su pueblo natal y después en la Secundaria Básica ubicada en el Central Azucarero Hershey. Por motivos económicos tuvo que abandonar los mismos y dedicarse al duro trabajo de la construcción. Posteriormente en horas nocturnas terminó la Secundaria con noveno grado. En el año 1968 con apenas 18 años y en cumplimiento de tres años del servicio militar obligatorio, bajo la dictadura comunista de su país, sufrió fuertes interrogatorios por parte de la Contra Inteligencia Militar, bajo acusación por la perdida de más de un centenar de balas de AKM, resultando deteriorada su joven salud en grado superlativo. Por varios intentos de salida ilegal en balsas a territorio de los Estados Unidos, estuvo retenido en reiteradas ocasiones. El 18 de agosto de año 1994, realizó su cuarto viaje en una balsa acompañado de su hija y nueve cubanos más. A pocas millas de Cayo Hueso fue interceptado por un guardacostas norteamericano, el cual lo trasladó a un barco de guerra y este después a la Base Naval de Guantánamo. Allí estuvo retenido por espacio de un año, dedicándose a trabajar por su voluntad y a escribir. Llegó a territorio de los Estados Unidos por un parole médico el 17 de agosto de 1995. En tierras de Libertad se dedicó a instalar mármol y tile, logrando con su propio esfuerzo publicar en septiembre de 1998 su primer libro titulado:

FRATERNIDAD ENTRE ALAMBRADAS

El cual recoge la historia de la Masonería, y la labor fraternal de otras Instituciones practicadas por los balseros y militares norteamericanos, en los tres campamentos donde el Autor estuvo retenido por espacio de un año.

En abril del año 2002 publicó su segundo libro:

ENCIERRO, INCERTIDUMBRE Y SEXO

Terminó recientemente su tercero y cuarto libro; esta es la primera edición de ambos.

SIEMPRE FIEL

LOS JUDAS LEONES

En la actualidad se encuentran en preparación los títulos:

LAS CIRCUNSTANCIAS Y YO

SUEÑOS DE UN CUBANO "EMIGRANTE"

LA VIEJA Y EL BASTÓN"

LOS JUDAS LEONES II PARTE

Actualmente fundó la compañía **SIEMPRE FIEL Inc,** y cerró **D.M.P.G. Inc,** en la ciudad de Fort Myers, Estado de la Florida, Estados Unidos de América.

Nunca perteneció a organizaciones de masas o al único partido político (comunista) que existe en su país.

En el año 1963 con apenas 13 años, se inicio en la Institución de los **"Hijos de la Luz"** donde llegó a ser su Maestro. Posteriormente el 3 de Septiembre del año 1966 se inició en la Orden **"Caballero de la Luz"** y desde el 24 de agosto del año 1971, es miembro de la **"Institución Masónica."** Durante sus años de estancia en la mencionada Orden, ha sido nombrado por sus meritos masónicos:

VENERABLE MAESTRO DE HONOR ADVITAN

MIEMBRO DE MERITO

En el año 1993 fue nombrado **MIEMBRO DE HONOR** de la Respetable Logia **"Redención"** ubicada en la ciudad de Jaruco, en la provincia de La Habana.

En el año 2002 fue nombrado **HIJO ILUSTRE** de su propia Logia, estando residiendo en el exilio desde el 17 agosto del 1995.

En la actualidad el Hno: Domingo M. Perera González, es miembro activo de la Respetable Logia: **MÁRTIRES DE LA CABAÑA** constituyente de la: **FEDERACION DE MASONES CUBANOS EXILIADOS** (Cuba Primero), que sesiona en la ciudad de Miami. Es miembro activo de los Cuerpos Filosóficos y posee Grado 33°

Desde el año 2 000 pertenece a la Corporación: **"THE COVER RINCON",** Grupo Internacional que tiene como miembros afiliados a poetas, escritores, pintores y de otras Artes de varios países. Oficialmente, se reúnen dos veces al mes en la Ciudad de Miami y se ofrece una Gala todos los años, para conmemorar un aniversario más de su fundación.

Lucy. "Siempre Fiel" 1983 A 1994.

*Acompañando a mi Maestro en busca de Libertad;
troncharon mi vida, pero él a su debido tiempo
supo colocarme en la cima del mundo.*

Siempre Fiel.   *Domingo M. Perera:.*

DATOS DEL OBELISCO

*— La base: Es una estrella de cinco puntas que simboliza La Polar, faro y guía, de los balseros y lancheros cubanos en busca de Libertad. Tiene un diámetro de 22 pies, y 1.5 de alto, en su borde superior, descansan cinco delfines que lanzan agua hacia su interior, simbolizando aquellos que estaban presentes cuando se produjo "El Rescate". También una franja de plantas naturales crecen en el mencionado borde y diez luces solares iluminan su estructura colocadas en sus puntas y esquinas interiores.

*— El pedestal. Es un Pentágono que emerge del centro de la base, con un diámetro en su parte más ancha de: 5.5 pies, (66 pulgadas) y su parte más estrecha, 2.6 pies, 30 (pulgadas) con una altura hasta su capitel de: 5.6 pies (66 pulgadas). Simboliza la fuerza inquebrantable de poder de este país. Este Pentágono está construido en forma de Pirámide.

*— Sobre el capitel, descansa el Globo Terráqueo con sus mares y océanos bajo relieve, y las Islas y Continentes sobre relieve, marcando todas sus áreas con pequeñas bolas de cristal de colores.

*— Encima del Globo, una representación genuina de la Balsa "La Salvadora", medio de transporte del Autor para alcanzar la ansiada Libertad. En su interior Lucy, sentada en la misma posición que se despidió de su amado dueño, amigo y Maestro.

*— Altura total del Obelisco: 10 pies.

Siempre Fiel.   *Domingo M. Perera:.*

TITULOS TERMINADOS

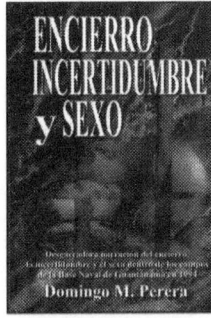